三寸之舌，强于百万之师

册四

战国策

[西汉]刘向 编选

万卷出版公司

虞卿谓赵王

虞卿①谓赵王曰：『人之情，宁朝人乎？宁朝于人也？』赵王曰：『人亦宁朝人耳，何故宁朝于人？』虞卿曰：『夫魏为从②主，而成者范座也。今王能以百里之地，若万户之都，请杀范座③于魏。范座死，则从事可移于赵。』赵王曰：『善。』乃使人以百里之地，请杀范座于魏。魏王许诺，使司徒④执范座，而未杀也。

注释

①虞卿：赵国的相国。②从：通『纵』，合纵。③范座：魏国的相国。④司徒：古代的官职名，主要负责管理土地和民政。

虞卿对赵王说：『人的本性是愿意受别人朝见呢，还是愿意朝见别人呢？』赵王说：『人都宁愿受别人朝见，怎么会愿意朝见别人呢？』虞卿说：『魏国是合纵阵线的盟主，是范座令其成功的。如果大王能用百里之地或者万户的都邑，请求魏国杀掉范座，范座死了以后，合纵阵线的盟主可由赵国担任。』赵王说：『好。』就派人用百里之地请求魏国杀掉范座。魏王答应了，就派司徒拘捕了范座，却没有杀他。

范座献书魏王曰：『臣闻赵王以百里之地，请杀座之身。夫杀无罪范座，薄故也；而得百里之地，

大利也。臣窃为大王美之。虽然①，而有一焉，百里之地不可得，而死者不可复生也，则主必为天下笑矣！臣窃以为与其以死人市②，不若以生人市也。』

注释

①虽然：虽然这样。然，这样。②市：交换，买卖。

译文

范座给魏王呈上了一封信，写道：『我听说赵王用百里之地请求杀死我。杀死无辜的范痤是小事一桩；得到百里之地是极大的便宜，我私下里替大王感到高兴。虽然如此，可还有一个问题，如果得不到百里之地，而死了的人又不能活过来，那么大王一定会被天下人耻笑了！我私下里认为，与其拿死人来做交易，不如用活人来做交易。』

原文

又遗其后相①信陵君②书曰：『夫赵、魏，敌战之国也。赵王以咫尺之书来，而魏王轻为之杀无罪之座，座虽不肖③，故魏之免相也。尝以魏之故，得罪于赵。夫国内无用臣，外虽④得地，势不能守。然今能守魏者，莫如君矣。王听赵杀座之后，强秦袭赵之欲，倍赵之割，则君将何以止之？此君之累也。』信陵君曰：『善。』遽言之王而出⑤之。

注释

①相：相国。②信陵君：即魏公子无忌，魏安釐王的弟弟。③不肖：不才，没有才能。④虽：即使。⑤出：释放。

译文

范座又给接替他职位的信陵君一封信，写道：『赵国和魏国是势均力敌的国家。赵王凭一封短信派人来到魏国，而大王就轻易地为他们杀害无辜的范座，我范座虽然没有才能，免去我相国的职务。我曾经因顾全魏国的缘故而得罪了赵国。然而国家没有贤臣，即使在外面得到土地，也势必不能保住。而现在能够守住魏国的，除了您没有别人了。大王听从赵国杀死我以后，强大的秦国就会按照赵国的做法，以一倍于赵国的割地要求杀您，那么您打算用什么办法来避免这种情况呢？这是您的灾难。』信陵君说：『对。』于是马上向魏王进言，把范座给放了。

五国伐秦无功

原文

五国伐秦无功，罢于成皋。赵欲构于秦[①]，楚与魏、韩将应之，齐弗欲。苏秦谓齐王[②]曰：『臣以[③]为足下见奉阳君[④]矣。臣谓奉阳君曰：天下散而事秦，秦必据宋。魏冉[⑤]必妒君之有陶[⑥]也。秦王贪，魏冉妒，则陶不可得已矣。君无构，齐必攻宋。齐攻宋，则楚必攻宋，魏必攻宋，燕、赵助之。五国据宋，不至一二月，陶必得矣。得陶而构，秦虽有变，则君无患矣。若不得已而必构，则愿五国复坚约。

注释

①构于秦：与秦讲和。构，讲和，和解。②齐王：即齐闵王。③以：通『已』，已经。④奉阳君：

即李兑，赵臣。⑤魏冉：秦国的相国。⑥陶：宋地名，位于今山东定陶一带。

译文

五国联合进攻秦国，没有取得成功，在成皋休战。赵国想和秦国和解，楚、魏、韩三国准备响应，齐国不同意。苏秦对齐闵王说：『我已经为您会见了奉阳君。我对奉阳君说：「诸侯解散了合纵联盟去投靠秦国，秦国必然要占据宋国，魏冉一定会妒忌您得到陶邑。秦王贪婪，魏冉妒忌，那么陶邑就得不到了。您不和秦国和解，齐国一定进攻宋国，那么楚国和魏国也必定进攻宋国，燕国和赵国就会帮助它们。五国进攻宋国，不出一两个月必然拿下陶邑。拿下陶邑然后和秦国和解，秦国即使有什么变故，那么您也就没有什么忧患了。如果不得已，一定要和秦国和解，那么希望五国坚守盟约。

原文

『五国愿得赵，足下雄飞，与韩氏大吏东免①，齐王必无召呡②也。使臣守约，若与有倍约③者，以四国攻之。无倍约者，而秦侵约，五国复坚而宾④之。今韩、魏与齐相疑⑤也，若复不坚约而讲，臣恐与国之大乱也。齐、秦非复合也，必有倚重者矣。复合与倚重者，皆非赵之利也。且天下散而事秦，是秦制天下也。秦制天下，将何以天下为？臣愿君之蚤⑥计也。

注释

①东免：勉励东面的齐国。免，通『勉』，指勉励，劝勉。②呡：即韩呡，主张与秦国亲近，曾出任齐国相国。③倍约：违背盟约。倍，通『背』，指违背，背叛。④宾：通『摈』，摈弃，摒弃。⑤相疑：相互猜疑。⑥蚤：通『早』。

译文

『五国投合赵国，您奋发有为，和韩国的大臣向东劝说齐王，齐国就不会召回韩岷。派臣下作盟约的监督人，如果盟国中有违背盟约的，就让其他四国攻打它；如果五国没有违背盟约的，而秦国要侵犯盟国，五国就重新坚守盟约，摒弃秦国。现在韩、魏两国和齐国互相猜疑，如果五国不坚守盟约而互相和解，我担心盟国会出现大的内乱。齐、秦两国如不再次联合，那么两国一定会出现力量偏重的一方。齐、秦两国再次联合或失去平衡，都对赵国不利。再说，诸侯解散了合纵联盟去争着投靠秦国，那么秦国就能控制诸侯，秦国控制了诸侯，将如何治理天下呢？我希望您尽早考虑这件事。

原文

『天下争秦，秦有六举，皆不利赵矣。天下争秦，秦王受负海之国①，合负亲之交，以据中国，而求利于三晋，是秦之一举也。秦行是计②，不利于赵，而君终不得陶，一矣。

注释

①负海之国：指齐国，齐国东临大海，故称负海之国。②是计：这个计策。

译文

『诸侯争着投靠秦国，秦国就会有六种方案，都对赵国不利。诸侯争着投靠秦国，秦国接受了齐国，再和其他诸侯联合，这就控制了中原地区，那么就会向赵、魏、韩三国索取利益，这是秦国的一个方案。秦国实行这个方案，对赵国不利，而您最终得不到陶邑，此其一。

『天下争秦，秦王内韩珉于齐①，内成阳君于韩，相魏怀②于魏，复合衡交，而王贲、韩他③之曹，皆起而行事，是秦之一举也。秦行是计也，不利于赵，而君又不得陶，二矣。

①内韩珉于齐：从齐国接纳韩珉。内，通『纳』，接纳。②魏怀：魏国人，主张亲善秦国。③王贲、韩他：秦国的大臣，主张拉拢韩国和魏国，攻打赵国。

『天下争着投靠秦国，秦王从齐国接纳韩珉，从韩国接纳成阳君，让魏怀在魏国做国相，恢复连横阵线，而王贲、韩他等人都再度起用，执掌大权，这是秦国的一个方案。秦国实行这个方案，对赵国不利，而您又得不到陶邑，此其二。

『天下争秦，秦王受齐受赵，三强已亲，以据魏而求安邑①，是秦之一举也。秦行是计，齐、赵应之，魏不待伐，抱安邑而倍秦，秦得安邑之饶，魏为上交，韩必入朝秦，据赵已安邑矣，是秦之一举也。秦行是计，不利于赵，而君必不得陶，三矣。

①安邑：魏国地名。

译文

『诸侯争着投靠秦国，秦王接受齐国和赵国，三个强国友好以后，就会控制魏国，索取安邑，这是秦国的一个方案。秦国实行这个方案，齐、赵两国响应，魏国等不到进攻，就会献出安邑来给秦国扩充地盘，秦国得到富饶的安邑，魏国成了它的友邦，那么韩国必然也要倒向秦国，秦国就会挟安邑兵临于赵，这是秦国的一个方案。秦国实行这个方案，这对赵国不利，而您一定得不到陶邑，此其三。

原文

『天下争秦，秦坚[①]燕、赵之交，以伐齐收楚，与韩而攻魏，是秦之一举也。秦行是计，而燕、赵应[②]之。燕、赵伐齐，兵始用，秦因收楚而攻魏，不至一二月，魏必破矣。秦举安邑而塞女戟[③]，韩之太行绝，下轵道、南阳[④]而伐魏，绝韩，包二周，即赵自消烁矣。国燥于秦，兵分于齐，非赵之利也。而君终身不得陶，四矣。

注释

①坚：巩固。②应：响应。③女戟：魏地名，与韩国距离比较近。④轵道、南阳：皆为魏地名，均位于今河南济源一带。

译文

『诸侯争着投靠秦国，秦国就巩固和燕、赵两国的外交关系去进攻齐国，联合楚国交往韩国去攻打魏国，这是秦国的一个方案。秦国实行这个方案，燕国和赵国响应。燕、赵两国进攻齐国，双方

刚一交锋，秦国就联合楚国去攻打魏国，不到一两个月，魏国必然灭亡。秦国占领安邑，堵塞女戟，韩国的太行之道就被切断，秦国就出兵直下轵道、南阳去进攻魏国，断绝韩国的后路，包抄东周、西周，那么赵国就自然削弱了。国家被秦国削弱，军队又去进攻齐国，这对赵国不利，而您终身也得不到陶邑，此其四。

原文

『天下争秦，秦坚三晋之交攻齐，国破财屈，而兵东分于齐，秦按攻魏，取安邑，是秦之一举也。秦行是计也，君按救魏，是以攻齐之已弊与秦争战也；君不救也，韩、魏焉免西合①？国在谋之中，而君有终身不得陶，五矣。

注释

①韩、魏焉免西合：韩、魏两国怎么能避免与秦国联合呢？免，避免。西合，因秦国位于西面，故言西合。

译文

『诸侯争着投靠秦国，秦国加强与赵、魏、韩三国的邦交关系以进攻齐国，国家破败，财富骤减，而军队又分布到东边的齐国。秦国于是进攻魏国，夺取安邑，这是秦国的一个方案。秦国实行这个方案，您就要去援救魏国，这样就是拿出进攻齐国已经疲惫的军队去和秦国交战；您不去增援魏国，韩、魏两国怎么能避免与秦国联合呢？赵国在秦国的图谋之中了，而您又终身得不到陶邑，此其五。

原文

「天下争秦，秦按为义，存亡继绝，固危扶弱，定无罪之君，必起中山与滕[1]，而赵、宋同命，何暇[2]言陶？六矣。

注释

①中山与滕：国名，即中山国、滕国。②暇：空闲。

译文

「诸侯争着去投奔秦国，秦国于是就假装仁义，复兴灭亡绝祀的国家，巩固危难的国家，扶持衰弱的国家，安定无罪的君王，一定会恢复中山国和滕国。秦国恢复中山国和滕国，赵、宋两国就会同等命运，哪还有时间去考虑陶邑？此其六。

原文

「故曰君必无讲[1]，则陶必得矣」。奉阳君曰：「善。」乃绝和于秦，而收齐、魏以成取陶。

注释

①讲：讲和。

译文

「所以说您一定不要和秦国和解，那么陶邑一定能够得到。」奉阳君说：「好。」于是放弃和秦国讲和，联合齐国和魏国，以求实现取得陶邑的计划。

乐羊为魏将而攻中山

原文

乐羊[1]为魏将而攻中山。其子在中山，中山之君烹其子而遗之羹，乐羊坐于幕下而啜之，尽一杯。文侯谓睹师赞[2]曰：『乐羊以我之故，食其子之肉。』赞对曰：『其子之肉尚食之，其谁不食！』乐羊既罢中山，文侯赏其功而疑其心。

注释

①乐羊：魏国的将军。②睹师赞：魏国的臣子。

译文

乐羊担任魏国的将军进攻中山国。乐羊的儿子此时还在中山国，中山国的君王将乐羊的儿子煮了并做成肉羹呈送给他。乐羊坐在军帐中将肉羹喝了，喝完了一杯。魏文侯对大臣睹师赞说道：『乐羊由于我，把自己儿子的肉都给吃了。』大臣睹师赞回答道：『他自己儿子的肉尚且都能吃，还能有谁的肉吃不下啊！』乐羊已经攻取了中山国，魏文侯一面嘉奖他的功勋，一面又对他的忠心有所怀疑。

文侯与虞人期猎

原文

文侯与虞人[1]期[2]猎。是日饮酒乐，天雨。文侯将出，左右曰：『今日饮酒乐，天又雨，公将焉之？』

文侯曰：『吾与虞人期猎，虽乐，岂可不一会期哉！』乃往，身自罢之。魏于是乎始强。

注释

①虞人：看守林苑的人。②期：定下约定。

译文

魏文侯与守林苑的人约定日期打猎。到了约定的这天，文侯与大臣们喝酒喝得正高兴之时，天却忽然下雨了。魏文侯打算出去，左右的大臣们说：『今天喝酒喝得这么高兴，天又下雨了，公侯您要去哪儿啊？』文侯回答说：『我和守林苑的人约定要去打猎，虽然现在我很快乐，但是怎么可以不与赴约呢？』于是魏文侯就去了，亲自前去取消了约定。魏国从此开始变得强盛。

魏武侯与诸大夫浮于西河

原文

魏武侯与诸大夫浮于西河。称曰：『河山之险，岂不亦信固哉！』王错侍坐，曰：『此晋之所以强也。若善修之，则霸王之业具[①]矣。』吴起对曰：『吾君之言，危国之道也；而子又附之，是重危也。』武侯忿然曰：『子之言有说乎？』

注释

①具：完成。

脯林酒池

夏代最后一个君主桀宠爱妹喜，不理政事。建造的酒池中可以运船；堆起的酒糟足有十里长；池中之酒可供牛饮者三千人。夏桀沉迷酒色，不理政事，终于亡国。

译文

魏武侯和大夫们一起在西河上游船，魏武侯称赞道：『河山这么险固，边防难道不也是很坚固吗？』王错在一旁陪侍，说：『这就是晋国强盛的原因所在，倘若能够很好地修整，就可以成就霸王之业了。』吴起回答说：『君王之话，是将国家导向危难的路途啊；而您又对他进行附和，这实在是很危险啊。』魏武侯十分生气，说道：『你的话有依据吗？』

原文

吴起对曰：『河山之险，信不足保也；是伯王之业，不从此也。昔者三苗之居，左彭蠡之波，右洞庭之水，文山在其北而衡山在其南。恃[1]此险也，为政不善，而禹放逐之。夫夏桀之国，左天门之阴[2]，而右天豁之阳，庐、睾[3]在其北，伊、洛[4]出其南。有此险也，然为政不善，而汤伐之。殷纣之国，左孟门而右漳、釜，前带河，后被山。有此险也，然为政不善，而武王伐之。且君亲从臣而胜降城，城非不高也，人民非不众也，然而可得并者，政恶故也。从是观之，地形险阻，奚足以霸王矣！』武侯曰：『善。吾乃今日闻圣人之言也！西河之政，专委之子矣。』

注释

①恃：指倚仗，依靠。②阴：在山北称为阴，山南称为阳。③庐、睪：指庐山、睪山。④伊、洛：伊水、洛水。

译文

吴起回答说：『河山虽然险固，但是不足以保全霸王之业，霸王的功业并不能靠此来成就啊。昔日三苗居住之地，左边有鄱阳湖，右边有洞庭湖，北面是文山，南面有衡山；凭借这样艰险的地形，但是不能将国政执掌得很好，最终被禹给放逐了。夏桀的都城，左面临着天门山的北面，右边临着天谿山的南面，北边是庐山和睪山，南面是伊水和洛水；有这样艰险的地形，但是不能将国政执掌好，最终还是被商汤讨伐了。商纣的都城，左边有孟门，右边有漳水和釜水，前边有黄河将其环绕，后边有太行山将其遮蔽；拥有这样艰险的地形，但是不能将国政执掌好，最终还是被周武王所讨伐。并且君王您亲自率领我们攻占使之投降的城池，那些城墙并不是不高，城中的百姓并不是不多，但是可以被兼并，其原因就在于国政腐败。由此来看，凭借险要的地形，怎能足以建立千秋霸业呢？』

武侯说：『是啊。我如今才听闻了圣人之言啊！整治西河之事，我就将其专门委托给你吧！』

魏公叔痤为魏将

原文

魏公叔痤①为魏将，而与韩、赵战浍北，禽乐祚②。魏王说，迎郊，以赏田百万禄之。公叔痤反走，

再拜辞曰：『夫使士卒不崩，直而不倚，挠拣而不辟[③]者，此吴起余教也，臣不能为也。前脉形地之险阻，决利害之备，使三军之士不迷惑者，巴宁、爨襄之力也。县赏罚于前，使民昭然信之于后者，王之明法也。见敌之可也，鼓之不敢怠倦者，臣也。王特为臣之右手不倦赏臣，何也？若以臣之有功，臣何力之有乎？』王曰：『善。』于是索吴起之后，赐之田二十万。巴宁、爨襄田各十万。

注释

①公叔痤：魏国的臣子。②禽乐祚：指擒获了赵将乐祚。禽，通『擒』，擒获。③辟：通『避』，躲避。

译文

魏臣公叔痤担任魏国的将领，与韩国和赵国在浍北交战，擒获了赵国的将领乐祚。魏王十分高兴，在郊外迎接他，把百万的田地奖赏给他作为爵禄。公叔痤却返回要走，并再三拜谢推辞，说道：『使兵士们能够不被击溃，勇往直前，决不屈挠，这些都要归功于吴起留下的教导啊，不是我能做到的。战争之前勘察复杂险要的地形，裁决利害条件，三军将士没有被迷惑，这都要归功于巴宁、爨襄。在战争前线设立赏罚制度，在战争的后方又使得百姓诚实守信，这要归功于大王您法度严明啊。看见敌军可以讨伐，敲响战鼓不敢懈怠，这只是我的职责而已啊。大王仅仅由于我的右手没有懈怠就对我进行赏赐，这是为何啊？倘若因为我有功劳，可我又有何功绩呢？』魏王说：『好吧。』于是就派人寻找吴起的后人，将二十万田地赏赐于他；奖赏巴宁、爨襄二人田地各十万。

原文

王曰：『公叔岂非长者[①]哉？既为寡人胜强敌矣，又不遗贤者之后，不掩能士之迹，公叔何可无

益乎？』故又与田四十万，加之百万之上，使百四十万。故《老子》曰：『圣人无积，既以为人己愈有；既以与人己愈多。』公叔当之矣。

注释

①长者：指道德高尚的人。

译文

魏王说：『难道公叔痤不是品德高尚的人吗？他不但为我战胜了强劲的敌人，还能不忘贤能之臣的后人，不使能士的功绩受到埋没，公叔座怎能没有更多的奖赏呢？』于是就又把田地四十万赏赐给公叔痤，加上之前奖赏的一百万，共有一百四十万土地。所以《老子》有云：『圣德之人不积攒，全力为别人，自己拥有的也会越多；尽力给予别人，自己拥有的也就愈多。』公叔痤就是这种人。

魏公叔痤病

原文

魏公叔痤病，惠王往问之。曰：『公叔病即不可讳，将奈社稷何？』公叔痤对曰：『痤有御庶子公孙鞅，愿王以国事听之也。为弗能听，勿使出竟①。』王弗应，出而谓左右曰：『岂不悲哉！以公叔之贤，而谓寡人必以国事听鞅，不亦悖乎！』

注释

①竟：通『境』，边境。

译文

公叔痤生了病，魏惠王前往探望，问道：『公叔病重，倘若万一发生什么不幸，国家社稷该如何是好啊？』公叔痤回答说：『我有个御庶子名叫公孙鞅，希望大王您能听从他对国事的看法。假若您不愿听从他的建议，也不要让他离开国境。』惠王没有说话，从公叔痤那里出来之后就对近臣们说：『这难道不是很悲哀吗？凭公叔痤的贤能，却对我说让我国事一定要听从于公孙鞅，这难道不是糊涂吗？』

原文

公叔痤死，公孙鞅闻之，已葬，西之秦，孝公[1]受而用之。秦果日以强，魏日以削。此非公叔之悖也，惠王之悖也。悖者之患，固以不悖者为悖。

注释

①孝公：即秦孝公渠梁。

译文

公叔痤病逝了，公孙鞅听闻此事，等到公叔痤安葬之后，就前往西面的秦国，秦孝公接待并任用了他。之后秦国果然日趋强大，而魏国也日趋削弱。这并非是公叔痤糊涂，而是惠王自己糊涂啊！糊涂之人的祸患，就是缘于把原本并不糊涂的人视为糊涂人啊！

张仪为秦连横说魏王

原文

张仪为秦连横，说魏王曰：『魏地方不至千里，卒不过三十万。地四平，诸侯四通，条达辐凑[①]，无有名山大川之阻。从郑至梁不过百里，从陈至梁二百余里。马驰人趋，不待倦而至梁。南与楚境，西与韩境，北与赵境，东与齐境，卒戍四方，守亭障者参列。粟粮漕庾[②]不下十万。魏之地势，故战场也。魏南与楚而不与齐，则齐攻其东；东与齐而不与赵，则赵攻其北；不合于韩，则韩攻其西；不亲于楚，则楚攻其南。此所谓四分五裂之道也。

注释

①辐凑：辐，车轮上的条。凑，通『辏』，车轴。②漕庾：运河、粮仓。

译文

张仪替秦王前去建立连横同盟，对魏王游说道：『魏国国土方圆还不及千里，兵士不多于三十万。国土四面平坦，四面与诸侯通达，像车辐到车轴一样直接，没有高山大河可以阻挡。从韩国的都城郑到魏国的都城大梁不过百里的路途；从陈到魏国都城也只是二百里多一点。马奔驰人快走，还没有等到疲倦的时候就到达大梁了。魏国在南面和楚国的边境相接，在西面和韩国的边境相接，北面又和赵国的边境相接，东面和齐国的边境相接。士兵守卫在四面八方，守卫边境的哨所和屏障接连排列。运输存放军粮的仓库不少于十万。魏国的地形，原本是一个战场。魏国倘若与南面的楚国交好，却不和齐国联盟，那么齐国就将从东面来攻打魏国；倘若与东面的齐国交好，却不和

赵国建立联盟，那么赵国就将从北面进行攻击；倘若魏国不和韩国联盟，韩国就将从西面进行攻击；倘若不和楚国交好亲近，楚国就将从南面进行攻击。这就是所说的四分五裂的方式啊！

原文

『且夫诸侯之为从者，以安社稷、尊主、强兵、显名也。合从者一天下，约为兄弟，刑白马以盟于洹水之上，以相坚也。夫亲昆弟同父母，尚有争钱财，而欲恃诈伪反覆苏秦之余谋[1]，其不可成亦明矣。大王不事秦，秦下兵攻河外，拔卷、衍、燕、酸枣，劫卫取晋阳，则赵不南。赵不南则魏不北，魏不北则从道绝，从道绝则大王之国欲求无危不可得也。秦挟韩而攻魏，韩劫于秦，不敢不听。秦、韩为一国，魏之亡可立须[2]也，此臣之所以为大王患也。为大王计，莫如事秦，事秦则楚、韩必不敢动；无楚、韩之患，则大王高枕而卧，国必无忧矣。

注释

①苏秦之余谋：苏秦此时已经被处死，故称『余谋』。②立须：马上就可以等到。须，等待。

译文

『并且诸侯之所以建立合纵联盟，是为了国家社稷的安定，君主能够受到尊重，兵力得以增强，名声能够远扬。合纵者想要诸侯联盟，约定为兄弟一样亲近的国家，在洹水之上杀白马歃血结盟，使彼此之间的关系更为巩固。但是即使是同父同母的亲兄弟，尚且会彼此争夺钱财，想要倚仗诡诈伪善、反反复复的苏秦残留下的计谋，合纵不会成功这已经是显而易见了。倘若大王您不与秦国亲近，秦国就会发兵攻打河外地区，一旦攻下了卷、衍、燕、酸枣之地，挟持卫国进攻晋阳，那么赵

国就不能向南进攻了；倘若赵国不能向南进攻，那么魏国就无法向北进攻，这样合纵之事就会失败；合纵失败了，大王您的国家再想没有危险就不可能了。秦国挟持韩国讨伐魏国，韩被秦所控制，不敢不听命于秦国。秦国和韩国联手之后，魏国很快就会灭亡了，这就是我替大王您忧虑的原因所在。替大王您打算，没有什么能比得上臣事秦国的了；如果您臣事秦国，那么楚国和韩国必然不敢对您进攻；消除了楚国和韩国的忧患，大王您就高枕无忧了，国家必然没有忧患了。

原文

『且夫秦之所欲弱莫如楚，而能弱楚者莫如魏。楚虽有富大之名，其实空虚；其卒虽众多，然而轻走易北，不敢坚战。魏之兵南面而伐，胜楚必矣。夫亏楚而益魏，攻楚而适秦，嫁祸安国[1]，此善事也。大王不听臣，秦甲出而东，虽欲事秦而不可得也。

注释

①嫁祸安国：嫁祸于楚国，使魏国得以安定。

译文

『并且秦国最想要削弱的国家，没有超过楚国的；而最能使楚国得以削弱的国家，没有超过魏国的。楚国虽然享有富裕强大的名声，但其实都是徒有虚名。楚国兵士虽然很多，但动辄就会逃跑、不敢坚持战斗。倘若魏军南下讨伐楚国，必定会战胜楚国。使楚国受到亏损，魏国得以强大，进攻楚国，满足秦王的心愿，嫁祸于楚国，使魏国国内得以安定，这是善事啊。倘若大王您不听从我的建议，等到秦国发兵东进讨伐，那时候即使想要臣事秦国，也已经是不可能的了。

原文

『且夫从人多奋辞[1]而寡可信，说一诸侯之王，出而乘其车；约一国而反，而成封侯之基。是故天下之游士，莫不日夜扼腕瞋目切齿以言从之便，以说人主。人主览其辞，牵其说，恶得无眩哉？臣闻积羽沉舟，群轻折轴，众口铄金，故愿大王之熟计之也。』魏王曰：『寡人蠢愚，前计失之。请称东藩，筑帝宫，受冠带，祠春秋，效河外。』

注释

①奋辞：夸谈之言辞。

译文

『并且主张合纵之人，大多都是夸夸其谈，很少能够被信赖，对一个诸侯王进行游说，出来就乘坐这个君王赏赐的车子，联合了一个诸侯国返回之后，成功了就为封侯奠定了基础。这就是天下的说客，没有不夜以继日的扼着手腕，睁大眼睛，咬牙切齿，慷慨激昂地言说合纵的益处，取悦国君的原因。君王听了他们的花言巧语，被他们的虚空的说辞所打动，怎能不被其所迷惑呢？我曾听闻羽毛积攒多了也能够使船沉下，很轻的东西聚在一起，也能把车轴压折了。众口一词就能把金属熔化。因此我希望大王您仔细考虑一下！』魏王说：『我真是愚钝啊，以前的谋略都错了。我愿意向秦国自称为东边的臣国，为秦王修筑帝王行宫，接纳秦国的衣冠制度，在春季和秋季向秦国进贡祭祀之物，献出河外之地。』

魏惠王死

原文

魏惠王死，葬有日矣。天大雨雪，至于牛目，坏城郭，且为栈道而葬。群臣多谏太子者，曰：『雪甚如此而丧行，民必甚病之。官费又恐不给，请弛期[1]更日。』太子曰：『为人子而以民劳与官费用之故，而不行先王之丧，不义也。子勿复言。』群臣皆不敢言，而以告犀首。犀首曰：『吾未有以言之也，是其唯惠公[2]乎！请告惠公。』

注释

①弛期：延期。弛，通『迟』，延迟。②惠公：即惠施。

译文

魏惠王死了，安葬的日子已经定下，却遭逢天降大雪，积雪到了牛的眼睛那么深，通往外城的路已经不通，打算修栈道以安葬。很多臣子进谏规劝太子说：『雪如此之大却举行丧礼，人民一定十分困苦，官费恐怕也不充足，请求推迟择日安葬。』太子说：『身为人子，由于人民困苦、官费不足的原因，就不为先王举行安葬之礼，这不合乎道义。你们不要再提及此事了。』大臣们都不敢再说了，就告诉了犀首。犀首说：『我没什么可说的，也许只有惠公可以吧！请对惠公说吧。』

原文

惠公曰：『诺。』驾而见太子曰：『葬有日矣。』太子曰：『然。』惠公曰：『昔王季历葬于楚山之尾，栾水啮其墓，见棺之前和[①]。文王曰：「嘻！先君必欲一见群臣百姓也夫，故使栾水见之。」于是出而为之张于朝，百姓皆见之，三日而后更葬。此文王之义也。今葬有日矣，而雪甚，及牛目，难以行，太子为及日之故，得毋嫌于欲亟葬乎？愿太子更日。先王必欲少留而扶社稷、安黔首[②]也，故使雪甚。因弛期而更为日，此文王之义也。若此而弗为，意者羞法文王乎？』太子曰：『甚善。敬弛期，更择日。』

惠子非徒行其说也，又令魏太子未葬其先王而因又说文王之义。说文王之义以示天下，岂小功也哉！

注释

①前和：棺材前面正面的木板。②黔首：平民百姓。

译文

惠公说：『好吧。』就驾车前去拜见太子，说道：『安葬的日子已经定下了吗？』太子说：『是的。』惠公说：『昔日周王季历下葬在楚山脚下，水浸坏了墓穴，棺材前面的木头都露出来了。文王说：「哎！先君必定是想要见见大臣、人民，才让水冲坏了棺材。」于是就将棺木取出，在早上为他设立灵棚，百姓都前来拜见，三天之后又重新下葬。这是文王的道义啊。如今安葬的日子已经定下了，但是雪下得太大，都到了牛的眼睛那么深了，举行安葬之礼太难，太子您为了按期下葬的原因，难道不是有些过于急躁了吗？希望太子能够择日再举行葬礼，先王必然是想要稍稍多待一会儿，扶持国家社稷，安慰百姓，以此才让雪下的那么大。因此还是推迟葬期另择良日吧，这可是文王的道义啊。倘若不这么做，或许是把效法文王视作耻辱吧？』太子说：『实在是太好了。敬请推迟日期，另择良日。』

惠施不仅使自己的主张得以实行，既让魏太子没有如期安葬先王，又讲述了文王的道义。为天下人讲述文王的道义，这怎么能算是小事呢？

五国伐秦无功而还

原文

五国伐秦，无功而还。其后，齐欲伐宋，而秦禁之。齐令宋郭①之秦，请合而以伐宋。秦王许之。魏王畏齐、秦之合也，欲讲②于秦。

注释

①宋郭：齐国的臣子。②讲：讲和。

译文

韩、赵、魏、齐、楚五国攻打秦国，然而没有获得任何战绩就收兵了。后来齐国想要攻打宋国，而秦国却从旁制止，于是齐王就派使臣宋郭西去秦国，目的是跟秦国组成连横之盟共同伐宋，秦昭王答应了。这时魏昭王很恐惧齐、秦的连横，就准备跟秦国讲和。

原文

谓魏王曰：『秦王谓宋郭曰：「分宋之城，服宋之强者，六国也。乘宋之敝[①]，而与王争得者，楚、魏也。请为王毋禁楚之伐魏也，而王独举宋。王之伐宋也，请刚柔而皆用之。如[②]宋者，欺之不为逆者，杀之不为雠者也。王无与之讲以取地，既已得地矣，又以力攻之，期于啖[③]宋而已矣。」

注释

①敝：通『弊』，疲惫。②如：像。③啖：吃，吞下。

译文

苏秦对魏昭王说：『秦王对宋郭说：「瓜分宋国的城池，并且征服顽强的宋国的，是六国。乘宋国疲惫，而和齐王争夺战利品的，是楚、魏。所以请齐王不要禁止楚国攻打魏，而齐王可以单独去攻打宋国。齐王去攻打宋国时，请要刚柔并用。像宋这种国家，欺凌它不算不义，灭亡它不算结仇。齐王不必用跟宋国讲和来获得土地，假如已经得到了土地，还可以用武力去攻打，目的只在吞并宋国。」

原文

『臣闻此言，而窃为王悲，秦必且用此于王矣。又必且困王以求地，既已得地，又且以力攻王。又必讲王因使王轻齐，齐、魏之交已丑[①]，又且收齐以更索于王。秦尝用此于楚矣，又尝用此于韩矣，愿王之深计[②]之也。秦善魏不可知也已。故为王计，太上伐秦，其次宾[③]秦，其次坚约而详讲，与国无相离也。秦、齐合，国不可为也已。王其听臣也，必无与讲。

注释

①已丑：已经恶化。②深计：仔细考虑。③宾：通『摈』，摈弃，摒弃。

译文

『臣听到这话之后，就暗地里为大王感到悲哀，因为秦必然会用这种办法对待大王。又必然会使大王陷入困境来索要土地，现在既然已经得到土地，又要用武力去攻打大王。又必然对大王讲和，并且乘机使大王轻视齐国，如此当齐、魏邦交恶化时，他再联齐改而向大王索取。秦曾经用这种办法对付楚，又曾经用这种办法对付韩，恳求大王要深思熟虑！秦国对魏国表示亲善，其用心不善。所以为大王考虑，上策是攻打秦国，中策是排斥秦国，下策是坚定合纵之盟，表面上跟秦国假装讲和，实际上跟盟国保持密切关系。秦、齐如果成为盟邦，那魏国大概就无计可施了。大王假如能采纳臣的意见，就绝对不要跟秦讲和。

原文

『秦权重，魏冉明孰，是故又为足下伤秦者，不敢显也。天下可令伐秦，则阴劝[①]而弗敢图也。见天下之伤秦也，则先鬻[②]与国而以自解也。天下可令宾秦，则为劫于与国而不得已者。天下不可，则先去而以秦为上交以自重也。如是人者，鬻王以为资者也，而焉能免国于患？

注释

①阴劝：暗中劝解。②鬻：出卖，背叛。

『秦国国力强盛，秦相魏冉深谋远虑，所以又为君王损害秦国，但是却不敢明显表露出来。可以让天下诸侯伐秦，不过只能在暗中劝解而不敢图谋。看见天下诸侯伤害秦国，就先出卖盟国而解救自己。也可以让天下诸侯排斥秦国，这是受到盟国的威胁而出于不得已。天下诸侯的力量不够，就先退出盟约西去结交秦国来自保。进行这种阴谋的人，就是出卖大王作为自己的资本，又怎能免除国家的后患呢？

原文

『免国于患者，必穷三节[①]，而行其上。上不可，则行其中；中不可，则行其下；下不可，则明不与秦两生以残秦，使秦皆无百怨百利，唯已之曾安。令足下鬻之以合于秦，是免国于患者之计也。臣何足以当之？虽然，愿足下之论臣之计也。

注释

①必穷三节：必须详尽的说明三策。三节，即上文所说的太上之策、其次之策、其次之策。

译文

『能免除国家忧患的，必须深明前面所说的上策、中策、下策等三策，而采用其中的上策。如果上策不能用就用中策，中策不能用就用下策，下策不能用就要阐明和秦势不两立的道理。打击秦国，使秦国既无怨恨也无利益，只求自己的安宁。假如大王出卖盟国来联合秦国的话，就算是免除国难的计策，那臣又怎么能担当这些呢？虽说如此，希望大王重视臣的献策。

原文

『燕，齐雠国[①]也；秦，兄弟之交也。合雠国以伐婚姻，臣为之苦矣。黄帝战于涿鹿之野，而西戎之兵不至；禹攻三苗，而东夷之民不起。以燕伐秦，黄帝之所难也，而臣以致燕甲而起齐兵矣。

注释

①雠国：敌国。

『燕与齐是仇敌之国，与秦国是兄弟之邦。联合仇敌去攻打有姻亲关系的国家，臣认为这是很难办的事。古时黄帝和蚩尤战于涿鹿之野时，西戎的军队并没有来支援。而大禹攻打三苗时，东夷的军民也没起来参战。由此可见，用燕、齐等国来攻打秦国，就连黄帝都感到为难，可是臣却能发动燕、齐两国之军。

『臣又遍事三晋之吏，奉阳君、孟尝君、韩呡、周冣、韩余为从而下之，恐其伐秦之疑也。又身自丑于秦，初之请焚天下之秦符[①]者，臣也；次传焚符之约者，臣也；欲使五国约闭秦关者，臣也。奉阳君、韩余为既和矣，苏修、朱婴既皆阴在邯郸，臣又说齐王而往败之。天下共讲，因使苏修游天下之语，而以齐为上交，兵请伐魏，臣又争之以死。而果西因苏修重报。臣非不知秦权之重也，然而所以为之者，为足下也。』

注释

①符：即符节，用作派遣使者或调兵时的凭证，符节上刻有文字，分为两半，一半由外出的使者或出征将帅保管，另一半由朝廷保管。

译文

『臣又遍交韩、赵、魏三国的官员，例如奉阳君、孟尝君、韩呡、周冣、韩余为等人，臣曾在他们的门下做过事，他们怀疑讨伐秦国之举。又因为他们都遭受秦国的排斥，于是臣就做了一件事，请求烧掉天下诸侯所持前往秦国的符节。接着臣又通知焚烧符节的诸侯，目的是使五国断绝和秦国的来往。奉阳君、韩余为等都采取同一步骤，而苏修、朱婴他们都匿居在邯郸。臣又去游说齐王，以便前往破坏宋郭的盟约。假如天下诸侯都主张合纵，因而使苏修谈论天下诸侯们的意向，并且准备和齐国缔结邦交，然后再向秦国要求齐军伐魏，臣以死来谏阻。最后果然在西方的苏修再提出报告，臣并非不知秦国权势之大，然而臣所以要这样做，一切都是为了您。』

齐魏战于马陵

原文

齐、魏战于马陵，齐大胜魏，杀太子申，覆十万之军。魏王①召惠施②而告之曰：『夫齐，寡人之雠也，怨之至死不忘。国虽小，吾常欲悉起兵而攻之，何如？』对曰：『不可。臣闻之，王者得度③而霸者知计。今王所以告臣者，疏于度而远于计。王固先属怨于赵④而后与齐战。今战不胜，国无守战之备，王又欲悉起而攻齐，此非臣之所谓也。王若欲报齐乎，则不如因变服[5]折节而朝齐，楚王必怒矣。王游人[6]而合其斗，则楚必伐齐。以休楚而伐罢齐，则必为楚禽矣。是王以楚毁齐也。』魏王曰：『善。』乃使人报于齐，愿臣畜而朝。

注释

①魏王：即魏惠王。②惠施：魏国的相国。③度：肚量，气量。④属怨于赵：与赵国结下仇恨。公元前342年，魏国联合宋、韩两国讨伐赵国，围困邯郸。⑤变服：指换下君王的衣服，改换诸侯的衣服。⑥游人：说客。

译文

齐军和魏军在马陵交战，齐军将魏军打了个惨败，并将魏国的太子申杀了，十万大军覆灭。魏王就召大臣惠施入宫商议说：『齐国，是我的仇人，这种仇怨到死都不会忘怀。我们的国家虽然很小，但是我愿意发动全国所有的兵力来讨伐齐国，怎么样？』大臣惠施回答道：『不行啊。我曾经听闻：「称王于天下的人要心胸宽阔，称霸于天下的人要善用谋略。」如今国君您对我说的，心胸狭窄并且没有计谋。国君您原本是对赵国结下怨恨，而与齐国交战在后。现在交战未能获胜，国家还没有守战的防备，大王您又打算集结全国所有兵力攻打齐国，这并非是我所说的称王称霸的做法。倘若大王您想要报齐国的仇怨，那么还不如把您天子的衣服给脱下来，改穿诸侯的衣服，取缔天子的称号，作为诸侯去朝拜齐国，这样的话楚王必定十分愤怒。然后大王您再派遣说客，撮合他们互相争斗，这样楚国一定会讨伐齐国，凭借安定的楚国前去讨伐疲惫的齐国，这样齐国

必定被楚国所打败，这其实就是大王您借楚国的力量毁坏齐国。』魏惠王说：『好。』于是就差遣使者到齐国去，声称愿意作为臣子朝拜齐王。

原文

田婴①许诺。张丑②曰：『不可。战不胜魏，而得朝礼，与魏和而下楚，此可以大胜也。今战胜魏，覆十万之军，而禽太子申；臣万乘之魏而卑秦、楚，此其暴戾定矣，且楚王之为人也，好用兵而甚务名，终为齐患者，必楚也。』田婴不听，遂内③魏王，而与之并朝齐侯再三。赵氏丑之④。楚王怒，自将而伐齐，赵应之，大败齐于徐州。

注释

①田婴：齐国的相国。②张丑：齐国的臣子。③内：通『纳』，接纳。④丑之：以此为羞辱。

译文

田婴马上表示接受，张丑说：『这样做是不行的。如果我们没有战胜魏国，而能让魏国行朝见之礼，与魏国讲和之后共同攻楚，这样就可以取得大胜。但现在我们已经打败了魏国，歼灭了魏国的十万大军，擒杀了魏国的太子申，使拥有万辆战车的魏国向我们称臣，这样就是会使秦楚两国的地位显得卑微。齐国就会被认为暴戾。并且楚王是个喜好用兵而又沽名钓誉的人，所以最终会成为齐国大患的，必定是楚国。』田婴没有听从，而接纳魏王，和他一起数次朝见齐威王。赵王感到很羞辱，楚王也十分愤怒，亲自统帅军队讨伐齐国，赵国派兵响应，最终在徐州大败齐军。

华军之战

原文

华军[1]之战，魏不胜秦。明年，将使段干崇[2]割地而讲。孙臣谓魏王曰：『魏不以败之上割，可谓善用不胜矣；而秦不以胜之上割，可谓不能用胜矣。今处期年乃欲割，是群臣之私而王不知也。且夫欲玺者段干子也，王因使之割地；欲地者秦也，而王因使之受玺。夫欲玺者制地，而欲地者制玺，其势必无魏矣。且夫奸臣固皆欲以地事秦。以地事秦，譬犹抱薪而救火也，薪不尽则火不止。今王之地有尽，而秦之求无穷，是薪火之说也。』

注释

①华军：韩国地名，在今河南新郑东南。②段干崇：魏国的臣子。

译文

在华军之战中，魏国没有战胜秦国。等到第二年，魏王将要让段干崇向秦国割让土地与之讲和。大臣孙臣对魏王说道：『魏国没有在战败的时候把土地割给秦国，可以称得上是善于应对这种战败的局面的了；而秦国未能在战胜的时候使魏国割让土地，可以称得上是不擅长利用这种战胜的条件的了。如今已经年满一年了才想到向秦国割让土地，这是大臣们有私心而大王您并不知道啊。并且段干崇想要得到印玺，大王您因此就派他向秦国割让土地；秦国想要获得土地，大王您因此就让来秦国授予印玺。想要获得印玺的人控制着土地，而想要获取土地的掌控着授予印玺的大权。这样魏

拱璧

璧是一种中央有穿孔的扁平状圆形玉器，为我国传统的玉礼器之一。

国必定会消亡。并且奸佞之臣原本就想要用割地来讨好秦国。用割地来讨好秦国就好比是抱着柴薪救火一样，只要干柴没有烧完，火就不会灭。现在大王您的土地有限，但秦国的贪求却永无止境，这就是抱着柴薪救火。』

原文

魏王曰：『善。虽然[1]，吾已许秦矣，不可以革[2]也。』对曰：『王独不见夫博者之用枭邪！欲食则食，欲握则握。今君劫于群臣而许秦，因曰不可革，何用智之不若枭也？』魏王曰：『善。』乃按其行。

注释

①虽然：即使这样。②革：变革，改变。

译文

魏王说：『好吧。即使是这样，但是我已经许诺秦国了，不能再改变了。』孙臣回答说：『难道大王您没有看到过赌博的人如何使用枭子吗？使用枭子的人，想吃子就吃子，想握在手里就握在手里。如今您被大臣们所胁迫而答应向秦国割让土地，并因此说不能改变，您运用智谋的能力为何还比不上使用枭子的人呢？』魏王说：『好。』于是就取消了让段干崇向秦国割地议和的做法。

齐欲伐魏

原文

齐欲伐魏，魏使人谓淳于髡曰：『齐欲伐魏，能解魏患唯先生也。敝邑有宝璧二双、文[1]马二驷，请致之先生。』淳于髡曰：『诺。』入说齐王曰：『楚，齐之仇敌也；魏，齐之与国也。夫伐与国，使仇敌制其余敝，名丑而实危，为王弗取也。』齐王曰：『善。』乃不伐魏。

注释

①文：通『纹』，指彩绘。

译文

齐国想要进攻魏国，魏王就差人对淳于髡说：『齐国打算进攻魏国，现在能够为魏国解除祸患的就只有先生您了。我们国家拥有两对珍贵的璧玉，两辆由四匹马拉着的彩绘了的马车，请求让我将这些送给您。』淳于髡说：『好吧。』于是就入宫拜见齐王说：『楚，是齐的仇敌之国；魏，是齐的同盟之国。讨伐同盟国，而让自己的敌国趁自己疲惫的时机来控制自己，不但名声不好并且实际上有危险，替大王您觉得这样不可取。』齐王说：『好吧。』因此齐国没有进军魏国。

原文

客谓齐王曰：『淳于髡言不伐魏者，受魏之璧、马也。』王以谓淳于髡曰：『闻先生受魏之璧、马，

有诸？』曰：『有之。』『然则先生之为寡人计之何如？』淳于髡曰：『伐魏之事不便[1]，魏虽刺髡，于王何益？若诚不便，魏虽封髡，于王何损？且夫王无伐与国之诽[2]，魏无见亡之危，百姓无被兵之患，髡有璧、马之宝，于王何伤乎？』

注释

①伐魏之事不便：疑为『伐魏之事便』。②诽：非议。

译文

有位客人对齐王说道：『淳于髡之所以说不讨伐魏国，是由于他获取了魏国的璧玉和宝马。』齐王于是就问淳于髡：『我听说先生获取了魏国的璧玉和宝马，可有此事？』淳于髡说：『是有此事。』『那么先生如果替我打算，我该如何呢？』淳于髡回答道：『倘若讨伐魏国是有好处的，那么即使魏国把我刺杀了，这对于齐王您能有什么好处呢？倘若讨伐魏国的确对齐国没有好处，魏国即使对我进行封赏，这对齐王您又有什么坏处呢？况且大王您没有讨伐同盟之国而被非议，魏国没有毁灭的危机，百姓没有遭受兵祸，我获取璧玉、马匹这样珍宝，对于大王您又有什么伤害呢？』

秦将伐魏

原文

秦将伐魏。魏王闻之，夜见孟尝君[1]，告之曰：『秦且攻魏，子为寡人谋，奈何？』孟尝君曰：『有诸侯之救则国可存也。』王曰：『寡人愿子之行也。』重为之约车百乘。

注释

①孟尝君：即田文，战国四公子之一，此时担任魏国的相国。

译文

秦国将要讨伐魏国，魏王听闻此事之后，夜晚前去会见孟尝君，对他说道：『秦国将要讨伐魏国，您替我谋划一下，该怎么办才好？』孟尝君说：『倘若能够得到诸侯的救助，国家就能够得以保存。』魏王说：『我希望相国您能替我办此事。』并很郑重地替孟尝君准备了百辆马车。

原文

孟尝君之赵，谓赵王曰：『文愿借兵以救魏。』赵王曰：『寡人不能。』孟尝君曰：『夫敢借兵者，以忠王也。』王曰：『可得闻乎？』孟尝君曰：『夫赵之兵非能强于魏之兵，魏之兵非能弱于赵也。然而赵之地不岁[①]危，而民不岁死，而魏之地岁危，而民岁死者，何也？以其西为赵蔽也。今赵不救魏，魏歃盟[②]于秦，是赵与强秦为界也，地亦且岁危，民亦且岁死矣。此文之所以忠于大王也。』赵王许诺，为起兵十万，车三百乘。

注释

①岁：每年。②歃盟：歃血为盟。

译文

孟尝君到了赵国之后，就对赵王说：『我想要向您借兵解救魏国。』赵王回答说：『我不能借兵给你。』孟尝君说：『敢向您借兵的，是要效忠于大王您啊。』赵王说：『能够听听你的道理何在吗？』

孟尝君说："赵国的军队并非就比魏国强大，魏国的军队并非比赵军弱小。只是赵国境内年年没有危机，百姓年年也没有大的死亡；但是魏国境内却年年遭受危机，每年都有大量百姓死亡，原因是什么呢？这是由于魏国在西边是赵国的屏障。倘若现在赵国不援助魏国，魏国就会和秦国歃血为盟，如此一来，赵国就和强大的秦国相接壤了。并且赵国境内将年年有危机，百姓每年也将大量死亡。这就是我所说的效忠于大王您啊。"于是赵王答应借兵给魏国，调遣军队十万人，战车三百辆。

又北见燕王曰："先日公子常[①]约两王之交矣。今秦且攻魏，愿大王之救之。"燕王曰："吾岁不熟二年矣，今又行数千里而以助魏，且奈何？"田文曰："夫行数千里而救人者，此国之利也。今魏王出国门而望见军，虽欲行数千里而助人，可得乎？"燕王尚未许也。田文曰："臣效便计于王，王不用臣之忠计，文请行矣，恐天下之将有大变也。"王曰："大变可得闻乎？"曰："秦攻魏，未能克也，而台已燔，游已夺矣。而燕不救魏，魏王折节割地，以国之半与秦，秦必去矣。秦已去魏，魏王悉韩、魏之兵，又西借秦兵，以因赵之众，以四国攻燕，王且何利？利行数千里而助人乎？利出燕南门而望见军乎？则道里近而输又易矣，王何利？"燕王曰："子行矣，寡人听子。"乃为之起兵八万，车二百乘，以从田文。

①常：通"尝"，曾经。

译文

孟尝君又到北边前去拜见燕王说：『昔日魏、燕两国的公子曾经为魏王和燕王建立了友好邦交。如今秦国将要进攻魏国，希望大王您救助一下魏国。』燕王说：『我们燕国两年都没有好的收成了，倘若现在又走几千里的路前去救助魏国，该会如何呢？』孟尝君说：『走几千里的路去救助别人，这对燕国是大利啊。如今，魏王一出国门就能够看到秦军，即使是想要走几千里路去救人，能够做到吗？』燕王依然没有许诺。孟尝君又说：『我把有利于大王的计策献给您，但是大王您不使用我忠诚的计谋，我请求离开燕国，我害怕天下将会有重大的变化发生。』燕王说：『我能听听有什么大变化吗？』孟尝君说：『秦国讨伐魏国，还未能攻克，但是高台已经被烧掉了，郊游宴飨的地方也已经被侵吞了。假若燕国不对魏国进行援助，魏王就会卑躬屈膝的向秦国割地求和，把魏国一半的土地割给秦国，这样秦军定会撤退。秦国从魏国撤军以后，魏王将集结韩、魏所有的兵力，在向西边的秦国借军，并与赵国联军，用四国的兵力来讨伐燕国，大王您将还会有什么利益啊？是行军数千里救助魏国有利呢？还是您一出燕国都城的南门就能看到敌军有利呢？四国与燕国的距离已经很近了，运输也十分便利，大王您又能有什么好处呢？』燕王说：『您回去吧，我听您的。』于是就为魏国调遣士兵八万人，战车二百辆，跟随着田文回魏国。

原文

魏王大说[1]，曰：『君得燕、赵之兵甚众且亟矣。』秦王大恐，割地请讲于魏。因归燕、赵之兵而封田文。

注释

①说：通『悦』，高兴。

译文

魏王十分高兴，说：『您从燕国和赵国借来了这么多军队，并且速度也很快。』秦王很畏惧，向魏国割让土地求和。魏国于是就让燕、赵两国的军队返回了，并封赏了田文。

魏将与秦攻韩

原文

魏将与秦攻韩，无忌[①]谓魏王曰：『秦与戎翟同俗，有虎狼之心，贪戾好利而无信，不识礼义德行。苟有利焉，不顾亲戚兄弟，若禽兽耳。此天下之所同知，非所施厚积德也。故太后[②]母也，而以忧死；穰侯舅也，功莫大焉，而竟逐之；两弟[③]无罪，而再夺之国。此于其亲戚兄弟若此，而又况于仇雠之敌国也。今大王与秦伐韩而益近秦，臣甚或[④]之，而王弗识也，则不明矣。群臣知之而莫以此谏，则不忠矣。今夫韩氏以一女子[⑤]承一弱主，内有大乱，外安能支强秦、魏之兵，王以为不破乎？韩亡，秦尽有郑地[⑥]，与大梁邻，王以为安乎？王欲得故地，而今负强秦之祸也，王以为利乎？

注释

①无忌：即魏国的信陵君。②太后：指秦昭王的母亲宣太后。③两弟：指高陵君和泾阳君。④或：通『惑』，困惑。⑤一女子：指韩太后。⑥郑地：郑国的土地，此时郑国已经灭亡，被韩国侵吞。

译文

魏国将要与秦国联盟进攻韩国，信陵君对魏王说道：『秦国有着和戎狄一样的习俗，有像虎狼一样的心，贪婪暴虐追逐利益，没有信用，不懂得礼义德行。倘若是对他有利，就不会顾及亲戚兄弟的亲密关系，如同禽兽一样。这是天下人都知道的，不是个施惠于人，为自己积德行的国家。秦国原来的太后本是秦昭王的母亲，却因为忧愤而死；穰侯本是昭王的舅舅，没有谁的功劳比他大，最终竟然被放逐；两个弟弟没有犯下什么罪，秦昭王却两次将他们的封地给剥夺了。对待自己的亲戚兄弟尚且如此，更何况是对仇敌之国呢？如今大王您与秦国一起讨伐韩国，这就与秦国更为接近，我对此十分困惑，倘若大王还没有认识到这一点，那就不明智了。倘若大臣们知道这些却没有人因为此事进谏，那就是不忠。如今韩国凭一个女人辅佐年幼的国君，国内又有大乱，难道对外能应付强大的秦、魏两国的军队吗？难道大王您觉得韩国不会灭亡吗？韩国一旦灭亡，秦国就会占据原来的郑国所有的土地，那么就会和魏国的都城大梁相邻，大王您觉得这样安全吗？大王您因为想要得到被韩国吞并的故土，现在却又要遭受强秦的危害，大王您觉得这样会对魏国有利吗？

原文

『秦非无事之国也，韩亡之后必且更事，更事必就易与利，就易与利必不伐楚与赵矣。是何也？夫越山逾河[1]，绝[2]韩之上党而攻强赵，则是复阏与[3]之事也，秦必不为也。若道[4]河内，倍[5]邺、朝歌，绝漳、滏之水，而以与赵兵决胜于邯郸之郊，是受智伯之祸也，秦又不敢。伐楚，道涉而[6]谷行三千里，而攻黾隘之塞，所行者甚远而所攻者甚难，秦又弗为也。若道河外，背大梁，而右上蔡、召陵，以与

楚兵决于陈郊，秦又不敢也。故曰秦必不伐楚与赵矣，又不攻燕与齐矣。韩亡之后，兵出之日，非魏无攻矣。

注释

①河：此处专指黄河。②绝：横穿。③阏与：地名，秦国曾发兵讨伐赵国，在阏与这个地方被赵、魏所击退。④道：取道，经由。⑤倍：通『背』，背对着。⑥而：应为衍字。

译文

『秦国并非是个不滋生事端的国家，韩国灭亡之后必定会再发动事端，要生事端就必然会选择简单和有利可图的事情去做；选择简单和有利可图的事情去做，就必然不会讨伐楚、赵两国，什么原因呢？因为秦国要翻越大山，渡过黄河，穿过韩国的上党才能攻打强大的赵国，这是重蹈阏与战败的覆辙，秦国必定不会这么做。倘若经由河内，背对邺城和朝歌，横渡漳水和滏水两条大河，和赵军在赵都邯郸的边郊进行决战，这是遭受像智伯一样的灭国之祸，秦国又必定不敢。倘若讨伐楚国，就要取道涉谷，走三千里的路，前去进攻险要的关塞黾隘，所走的路太远，并且所攻打的又太难，秦国必然又不会做。假若经由河外，背对大梁，右边向着陈州以西的上蔡和召陵，与楚军在陈州的边郊进行决战，秦国又不敢去做。因此说秦国必然不会讨伐楚、赵两国，也不会讨伐燕、齐两国。韩国灭亡以后，秦国发兵的时候，除了魏国不会再攻打他国了。

原文

『秦故有怀、茅、刑丘，城垝津①，以临河内，河内之共、汲莫不危矣。秦有郑地，得垣雍，决荧

泽而水大梁，大梁必亡矣。王之使者大过矣，乃恶安陵氏②于秦，秦之欲许之久矣。然而秦之叶阳、昆阳与舞阳、高陵邻，听使者之恶也，随安陵氏而欲亡之。秦绕舞阳之北以东临许，则南国必危矣。南国虽无危，则魏国岂得安哉？且夫憎韩不受安陵氏可也，夫不患秦之不爱南国，非也。』

注释

①垝津：地名，位于今河南滑县一带。②安陵氏：魏国的附属国。

译文

『秦国原本就有怀地、茅地、刑丘，只需在垝津筑城，以此来逼临河内，河内的共、汲没有不危险的。秦国拥有郑地，获得了垣雍，再挖开荧泽，用水淹灌大梁，大梁必定会灭亡。大王您的使者犯了大错，竟然让使者中伤安陵氏，秦国想要占领许地已经很久了。但是秦国的叶阳、昆阳与魏国的舞阳、高陵相毗邻，倘若听任使者的恶言，随后安陵氏就将要被灭亡了。秦军绕过魏地舞阳以北，向东进逼许地，那样的话魏国南部必定就会很危险了，魏国南部即使没有什么危险，难道魏国就能安宁吗？并且痛恨韩国，不爱惜安陵氏，这还行，但是不担忧秦国，不爱惜魏国南部的国土，这就不行了。』

原文

『异日①者，秦乃在河西，晋国之去梁也千里有余，河山以兰②之，有周、韩而间之。从林军以至于今，秦十攻魏，五入国中，边城尽拔，文台堕垂都焚，林木伐麋鹿尽，而国继以围。又长驱梁北，东至陶、卫之郊，北至乎阚③，所亡乎秦者，山④北、河外、河内，大县数百，名都数十。秦乃在河西，晋国之去大梁也尚千里，而祸若是矣。又况于使秦无韩而有郑地，无河山以兰之，无周、韩以间之，去大梁百里，祸必百此矣。

注释

①异日：昔日，以前。②兰：通『拦』，阻拦。③平阚：魏地名，位于今天山东汶上一带。④山：指华山。

译文

『以前，秦国还在黄河以西，晋国故都绛与安邑距离大梁还有上千里，有河山阻隔遮拦，又有周和韩在中间。从秦攻打魏的林乡战役至现在，秦国讨伐魏国已经有十次了，其中有五次都攻进了国内，边远的城邑全部都被侵占了，文台被毁，垂都被烧，林木被砍，麋、鹿也都被杀完了，国都也相继被围困了。秦军又长驱直入地打到了魏国的北部、东面攻打到了陶邑和卫邑的城郊，北面攻打到了阚地，被秦国所灭的国土有：华山以北、黄河以南、黄河以北，大县有几百个，有名的城邑也有几十个。秦国在黄河的西面，而魏国原来的都城安邑距离大梁也有千里之遥，但是竟然遭到了这样严重的祸害，更何况是倘若秦灭了韩，占领郑地之后，没有了河山的阻拦，没有周和韩在中间，与大梁相距也只有百里，灾害必定是现在的百倍。

原文

『异日者，从之不成矣，楚、魏疑而韩不可得而约也。今韩受兵三年矣，秦挠之以讲，韩知亡犹弗听，投质遇赵而请为天下雁行[1]顿刃。以臣之观之，则楚、赵必与之攻矣。此何也？则皆知秦之欲无穷也，非尽亡天下之兵而臣海内之民必不休矣。是故臣愿以从事乎王，王速受楚、赵之约而挟韩之质，以存韩为务，因求故地于韩，韩必效之。如此则士民不劳而故地得，其功多于与秦共伐韩，然而无与强秦邻之祸。

注释

①雁行：像大雁飞行一样，即指按照一定的顺序前进。

译文

『以前，合纵联盟未能建成，楚、魏两国彼此猜疑，韩国未能和他们结盟。如今韩国遭受秦军三年的战祸，秦国想让韩国屈服并与秦国讲和，韩国明知道将要灭亡，但依然不愿听命于秦，于是就把人质送到赵国，请求替天下的诸侯打头阵。依我看，楚、赵必然会与韩国一起讨伐秦国。这是为何啊？因为大家都明白秦国的欲望是没有止境的，不把天下的军队消灭完，不使天下所有人臣服，必然是不会罢休的。所以我愿意利用合纵联盟来臣事大王您，请您马上同意楚国与赵国的协约，挟持韩国的人质，保存韩国是当务之急。这样向韩国索要原来的故土，韩国必定会将它献给您。这样一来，不必使百姓劳苦就将故土收回，这要大于与秦国一起讨伐韩国的功绩，并且不会有和强秦相毗邻的祸患。

原文

『夫存韩安魏而利天下，此亦王之大时已。通韩之上党于共、莫，使道已通，因而关[①]之，出入者赋[②]之，是魏重质韩以其上党也。共有其赋，足以富国，韩必德魏、爱魏、重魏、畏魏，韩必不敢反魏。韩是魏之县也。魏得韩以为县，则卫、大梁、河外必安矣。今不存韩，则二周必危，安陵必易。楚、赵大破，燕、齐甚畏，天下之西向而驰秦，入朝为臣之日不久矣。』

注释

①关：设立关卡。②赋：征收赋税。

译文

『使韩国得以保存，魏国得以安定，天下诸侯都能获利，这也是大王您的好时机啊。假若可以让韩国的上党与共、莫两地相通，两国通使之道就可以开通。因此给它设立个关卡，对来往的行人索取赋税，这样魏国可以把韩国的上党作为押质，一起分享赋税，使国家富强已经足够了，韩国也必定对感谢魏国，爱戴魏国，重视魏国，敬畏魏国，韩国必然不敢背叛魏国。如此一来，韩国就是魏国的一个县了。魏国得到了韩国，能够把它作为魏国的一个县，那么卫、大梁、河外地区也必定会得以安宁。倘若现在不使韩国得以保存，那么东、西二周必定很危险，秦国必定能占领安陵。楚、赵两国大败，燕国、齐国就会十分畏惧，天下诸侯都会向西奔往秦国，前往秦国称臣朝拜秦王的日子也就很近了。』

魏太子在楚

原文

魏太子在楚。谓楼子①于鄢陵曰：『公必且待②齐、楚之合也，以救皮氏。今齐、楚之理，必不合矣。彼翟子之所恶于国者，无公矣。其人皆欲合齐、秦外楚以轻公，公必谓齐王曰：「魏之受兵，非秦实首伐之也，楚恶魏之事王也，故劝秦攻魏。」

注释

①楼子：魏国的臣子。②待：等到。

译文

魏国的太子在楚国做人质，有人在鄢陵对楼子说：『您一定要等待齐、楚两国联合，再来救援皮氏。现在就齐、楚两国的情势一定不会联合。那翟强在魏国最憎恨的人，莫过于您了。翟强那一伙人都想联合齐国和秦国，疏远楚国来压迫您。他们一定会对齐王说：「魏国遭到进攻，并不是秦国本意就想攻打它，是楚国憎恨魏国讨好大王，所以鼓动秦国攻打魏国。」

原文

『齐王故欲伐楚，而又怒其不己善也，必令魏以地听秦而为和。以张子[①]之强，有秦、韩之重[②]，齐王恶之，而魏王不敢据[③]也。今以齐、秦之重，外楚以轻公，臣为公患之。钧之出地，以为和于秦也，岂若由楚乎？秦疾攻楚，楚还兵，魏王必惧，公因寄汾北以予秦而为和，合亲以孤齐，秦、楚重公，公必为相矣。臣意秦王与樗里疾[④]之欲之也，臣请为公说[⑤]之。』

注释

①张子：指张仪。②重：重视。③据：依靠，依附。④樗里疾：秦国名将，秦惠文王的弟弟。樗里，地名，因居住在樗里，名疾而称樗里疾。⑤说：游说。

译文

“齐王本来就想进攻楚国，而且又恨他不和自己友好。他一定会让魏国割地向秦国求和。从前，张仪凭借秦、韩两国对他的器重，权势很大，可是齐王憎恨他，魏王就不敢依靠他。现在翟强那伙人凭着齐、秦两国的势力，疏远楚国，来压制您，我替您为此感到忧虑。用割地的办法来联合秦国，不论齐国还是楚国都是一样的，哪如由楚国割地呢？秦国加紧攻打楚国，楚国如果撤军，魏王一定害怕，您就把汾水以北的土地给秦国来求和。秦、楚、魏三国联合起来孤立齐国，秦国和楚国看重您，您一定会做魏国的相国了。我猜想秦王和樗里疾也希望这样。请让我为您去游说。”

原文

乃请樗里子曰：“攻皮氏，此王之首事也，而不能拔，天下且以此轻秦。且有皮氏，于以攻韩、魏，利也。”樗里子曰：“吾已合魏矣，无所用之。”对曰：“臣愿以鄙心意[①]公，公无[②]以为罪。有皮氏，国之大利也，而以与魏，公终自以为不能守也，故以与魏。今公之力有余守之，何故而弗有也？”

注释

①意：推测，揣摩。②无，通“毋”。

译文

那人于是对樗里疾说：“攻打皮氏，这是大王的头等大事，如果攻不下来，诸侯就会因此轻视秦国。况且，如果占领了皮氏，从皮氏进攻韩国和魏国就对秦国有利。”樗里疾说：“我已经和魏国联合了，攻取皮氏没有用处。”那人说：“我愿意以鄙意推测您的心理，您不要因此铸成大错。占领皮氏，是

能把汾河以北给我吗？我愿意联合楚国疏远齐国，以便抬高您，这是我力所能及的事。」楼子和楚王一定答应得很痛快。再对翟强说：「您能把汾河以北给我吗？我一定能替您联合齐国疏远楚国。以便抬高您。」翟强和齐王一定答应得很痛快。这样，您对外可以得到齐国和楚国的支持，对内可以得到楼子和翟强的帮助，为什么不能在西河以东占有皮氏呢？』

国家的大利。而您却把皮氏交还给魏国，您是认为最终也不能守住它，所以才交还给魏国。现在凭您的力量守住皮氏绰绰有余，为什么不占有皮氏呢？』

原文

樗里子曰：『奈何？』曰：『魏王之所恃[1]者，齐、楚也；所用者，楼鼻、翟强也。今齐王谓魏王曰：「欲讲攻于齐王兵之辞也，是弗救矣。」楚王怒于魏之不用楼子，而使翟强为和也，怨颜已绝之矣。魏王之惧也见亡，翟强欲合齐、秦外楚，以轻楼鼻；楼鼻欲合秦、楚外齐，以轻翟强。公不如按魏之和，使人谓楼子曰：「子能以汾[2]北与我乎？请合于楚外齐，以重公也，此吾事也。」楼子与楚王必疾矣。又谓翟子：「子能以汾北与我乎？必合于齐外于楚，以重公也。」翟强与齐王必疾矣。是公外得齐、楚以为用，内得楼鼻、翟强以为佐[3]，何故不能有地于河东乎？』

注释

①恃：倚仗，仰仗。②汾：汾河。③佐：辅佐。

译文

樗里疾说：『那该怎么办呢？』那人说：『魏王所依仗的是齐国和楚国；所重用的人是楼鼻和翟强。现在齐王对魏王说：「想和秦国讲和还是想进攻秦国，都取决于掌握军事主动权的人。」这就是说齐国本不想援助魏国。楚王气愤魏国不用楼子，而让翟强和齐、秦两国联合；楚王怨恨魏国，打算断交的想法已经表现出来了，魏王害怕被灭亡，翟强想联合齐、秦两国，疏远楚国，以压抑楼子；楼子想联合秦、楚两国疏远齐国，以压抑翟强。您不如控制和魏国讲和的主动权，派人对楼子说：「您

卷二十五　魏策四

信陵君杀晋鄙

原文

信陵君杀晋鄙①，救邯郸，破秦人，存赵国，赵王自郊②迎。唐雎③谓信陵君曰：『臣闻之曰，事有不可知者，有不可不知者；有不可忘者，有不可不忘者。』信陵君曰：『何谓也？』对曰：『人之憎我也，不可不知也；吾憎人也，不可得而知也。人之有德于我也，不可忘也；吾有德于人也，不可不忘也。今君杀晋鄙，救邯郸，破秦人，存赵国，此大德也。今赵王自郊迎，卒然见赵王，臣愿君之忘之也。』信陵君曰：『无忌谨受教。』

注释

①信陵君杀晋鄙：公元前257年，魏国的信陵君无忌设计取得兵符，杀掉晋鄙，夺取了军权，领兵数万，帮助赵国战胜秦国。②郊：郊外。③唐雎：魏国之臣。

译文

信陵君杀了晋鄙，救了邯郸，打败了秦军，保存了赵国，赵孝成王亲自到郊外去迎接他。唐雎对信陵君说：『我听说过，事情有不能知道的，有不能不知道的；有不能忘记的，有不能不忘记的。』信陵君说：『你说的是什么意思？』唐雎回答说：『人家厌恶我，是不能不知道的；我厌恶人家，却不能让人家得知。人家对我有恩德，不能忘记；我对人家有恩德，就不能不忘记了。如今你杀了晋鄙，救了邯郸，打败了秦军，保存了赵国，这是大恩大德啊。现在赵王亲自到郊外来迎接你，仓

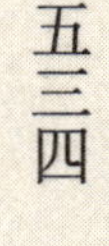

促之间见到赵王，我希望你忘掉自己的功劳！』信陵君说：『我完全接受您的教导。』

魏王与龙阳君共船而钓

原文

魏王与龙阳君[1]共船而钓，龙阳君得十余鱼而涕下。王曰：『有所不安乎？如是，何不相告也？』对曰：『臣无敢不安也。』王曰：『然则何为涕出？』曰：『臣为臣之所得鱼也。』王曰：『何谓也？』对曰：『臣之始得鱼也，臣甚喜，后得又益大，今臣直欲弃臣前之所得矣。今以臣凶恶，而得为王拂枕席。今臣爵至人君，走人于庭，辟人于途。四海之内，美人亦甚多矣，闻臣之得幸于王也，必褰裳而趋王。臣亦犹曩臣之前所得鱼也，臣亦将弃矣，臣安能无涕出乎？』魏王曰：『误！有是心也，何不相告也？』于是布令于四境之内曰：『有敢言美人者族[2]。』

注释

①龙阳君：战国时魏王的男幸，得宠于魏王。②族：灭族。

译文

魏王和龙阳君同船钓鱼，龙阳君钓了十几条鱼后就哭了。魏王说：『你有什么伤心的事吗？如果是这样，为什么不告诉我呢？』龙阳君答道：『我不敢不高兴。』魏王说：『既然这样，为什么流泪呢？』龙阳君说：『我是为我钓到的鱼流泪。』魏王说：『什么意思？』龙阳君答道：『我开始钓到鱼很高兴，后来钓到的鱼越来越大，现在我只想扔掉开头钓到的鱼。如今凭着我丑陋的相貌，却能为大王拂拭枕席。现在我的爵位被封为君，能在朝廷里驱使大臣，能让路上的人为我让道。天下漂亮的人也太多了，他们知道我得到大王的宠信，一定会提起衣裳跑到大王这里来。到那时，我就像我所钓到的鱼一样，也会被扔掉的，我怎么能不流泪呢？』魏王说：『唉！有这种想法，为什么不告诉我呢？』于是下令全国，说：『有胆敢提及美人的，处灭族之罪！』

原文

由是观之，近习之人，其挚谄也固矣，其自幂系也完矣。今由千里之外，欲进美人，所效者庸必得幸乎？假[1]之得幸，庸必为我用乎？而近习之人相与怨，我见有祸，未见有福；见有怨，未见有德，非用知[2]之术也。

注释

①假：假设。②知：通『智』。

译文

由此看来，受君王宠信的人，他们施展献媚的手段也是理所当然的，他们自我保护的办法也是充分的。现在有人想从千里之外进献美人，可献来的美人难道就能得到宠信吗？假如能得到宠信，难道一定能为他所用吗？而且进献来的美人会一起怨恨他，这样，只会有祸，不会有福；只会遭怨恨，不会有益处，这不是运用智谋的办法。

秦王使人谓安陵君

秦王使人谓安陵君[1]曰：『寡人欲以五百里之地易安陵，安陵君其许寡人？』安陵君曰：『大王加惠，以小易大，甚善。虽然，受地于先生，愿终守之，弗敢易。』秦王不说。安陵君因使唐雎[2]使于秦。秦王谓唐雎曰：『寡人以五百里之地易安陵，安陵君不听寡人，何也？且秦灭韩亡魏，而君以五十里之地存者，以君为长者，故不错意[3]也。今吾以十倍之地，请广于君，而君逆寡人者，轻寡人与？』唐雎对曰：『否，非若是也。安陵君受地于先王而守之，虽千里不敢易也，岂直[4]五百里哉？』秦王怫然怒，谓唐雎曰：『公亦尝闻天子之怒乎？』唐雎对曰：『臣未尝闻也。』秦王曰：『天子之怒，伏尸百万，流血千里。』

①安陵君：安陵国的君主，曾附属于魏国。②唐雎：人名，安陵君的臣子。③错意：在意。④直：通『只』，仅仅。

秦王派人对安陵国的君主说：『我打算用方圆五百里的土地交换安陵，安陵君会答应我吧！』安陵君说：『秦王施予我恩惠，以小换大，真是太好了。虽然这样，但我的土地是从先王那里继承下来的，希望能够一直守着它，不敢与秦王交换。』秦王十分不高兴。于是安陵君就差遣唐雎到秦国出使。秦王对唐雎说道：『我用方圆五百里的土地交换安陵这块土地，但是安陵君却没有答应我，这是为何啊？秦国把韩、魏两国都灭掉了，但是安陵君却能凭着五十里的土地得以保存，这是由于我把他当做长者，因此才没有理会。现在我用十倍的土地想要和安陵君交换，他却违逆我的意思，这是轻视我吗？』唐雎回答说：『不，并非是这样。只是安陵君是从先王的手里承袭了这块土地并守护它，哪怕是一千里安陵君也不敢与您交换，更何况是五百里呢？』秦王极为愤怒，对唐雎说：『您也听过天子发怒吧？』唐雎说：『我没有听闻过。』秦王说：『天子一发怒，就可以让百万人横尸，血流上千里！』

唐雎曰：『大王尝闻布衣①之怒乎？』秦王曰：『布衣之怒，亦免冠徒跣以头抢②地尔。』唐雎曰：『此庸夫之怒也，非士之怒也。夫专诸③之刺王僚也，彗星袭月；聂政④之刺韩傀也，白虹贯日；要离⑤之刺庆忌⑥也，仓鹰击于殿上。此三子者，皆布衣之士也，怀怒未发，休祲⑦降于天，与臣而将四矣。若士必怒，伏尸二人，流血五步，天下缟素，今日是也。』挺剑而起，秦王色挠⑧，长跪而谢之曰：『先生坐，何至于此，寡人谕⑨矣。夫韩、魏灭亡，而安陵以五十里之地存者，徒以有先生也。』

注释

①布衣：指平民百姓。②抢：指撞击。③专诸：人名，春秋时期吴国公子派去行刺吴王僚的刺客。④聂政：人名，春秋时期韩国严仲子派去行刺相国韩傀的刺客。⑤要离：人名，春秋时期吴王阖闾派去行刺庆忌的刺客。⑥庆忌：吴王僚的儿子。⑦休祲：征兆。⑧挠：屈挠。⑨谕：明白。

译文

唐雎说：『大王您是否听闻过平民百姓发怒？』秦王说：『普通百姓发怒，也不过是去掉帽子，赤着脚，用脑袋去撞地而已。』唐雎说：『这是普通庸俗之人发怒的样子，并不是士人发怒的样子。当专诸行刺王僚的时候，天上的彗星将月亮都给掩盖了；聂政行刺韩傀的时候，白虹横贯太阳；要离行刺庆忌的时候，苍鹰都在宫殿上搏击。这三个人，都是平民百姓中的士人，心中装有满腔的愤怒未能发泄，上天进行了预兆，把我算上这就将是四个人了。倘若士人发怒的话，将有两具尸体倒下，五步之内都是鲜血，天下人穿上白色的孝衣，今天就是这样。』于是就拔剑站起来了。秦王露出屈挠的神色，直着腰跪坐着谢罪说：『先生您坐下！事情怎会到此地步呢？我已经明白了。韩、魏两国都灭亡，但是安陵凭着五十里的土地却得以保存，这仅仅是由于安陵有先生您啊。』

申子请仕其从兄官

原文

申子请仕其从兄官，昭侯不许也。申子有怨色。昭侯曰：『非所学于子者也。听子之谒[1]而废子之道乎？又亡其[2]行子之术而废子之谒乎？子尝教寡人循功劳、视次第，今有所求，此我将奚听乎？』申子乃辟舍请罪，曰：『君真其人也！』

注释

①谒：请求。②亡其：还是，表示选择。

译文

申不害替他的堂兄求官，昭侯不答应。申不害面带怨恨之色。昭侯说：『难道这不是跟您学的吗？您是想让我答应您的请求而废弃您执政的主张呢？还是实践您的主张而拒绝您的请求呢？您曾经教导我，要按照人的功劳进行奖赏，安排官职。如今您有请求，您将让我听从哪一个？』申不害于是就离开客舍，前去请罪说：『您可真是按照我的学说行事的人啊！』

苏秦为楚合从说韩王

原文

苏秦为楚[1]合从说韩王曰：『韩北有巩、洛[2]、成皋之固，西有宜阳、常阪之塞，东有宛、穰、

洧水，南有陉山，地方千里，带甲数十万。天下之强弓劲弩皆自韩出。谿子、少府、时力、距来，皆射六百步之外。韩卒超足而射，百发不暇止，远者达胸，近者掩心。韩卒之剑戟皆出于冥山、棠溪、墨阳、合伯。邓师、宛冯、龙渊、大阿，皆陆断马牛，水击鹄雁，当敌即斩。坚甲、盾、鞮鍪③、铁幕④、革抉⑤、㕹芮⑥，无不毕具。以韩卒之勇，被坚甲，跖劲弩，带利剑，一人当百，不足言也。夫以韩之劲与大王之贤，乃欲西面事秦，称东藩，筑帝宫，受冠带，祠春秋，交臂而服焉。夫羞社稷而为天下笑，无过此者矣。是故愿大王之熟计之也。大王事秦，秦必求宜阳、成皋。今兹效之，明年又益求割地。与之，即无地以给之，不与，则弃前功而后更受其祸。且夫大王之地有尽，而秦之求无已。夫以有尽之地而逆无已之求，此所谓市怨而买祸者也，不战而地已削矣。臣闻鄙语曰：「宁为鸡口，无为牛后。」今大王西面交臂而臣事秦，何以异于牛后乎？夫以大王之贤，挟强韩之兵，而有牛后之名，臣窃为大王羞之。』

注释

①楚：疑应为赵。②巩、洛：地名，分别位于今河南巩县、洛阳。③鍪：头盔。④铁幕：保护手臂的铁器。⑤革抉：即保护肩膀的皮质物品。⑥㕹芮：系盾用的绶带。

译文

苏秦为了赵国合纵的事，对韩王游说道：『韩国北边有险固的巩地、洛地、成皋这些城邑，西边有宜阳、常阪这些要塞，东边有宛地、穰地、洧水，南边有陉山，土地有方圆上千里，精锐之兵几十万。天下的强弓硬弩都是出自于韩国，溪子、少府、时力、距来这些良弓，射程都能达到六百步以外。韩国的士卒抬脚踏地射箭，能不停歇地连续射上百支箭，远一些的能够穿入胸膛，近些的能够射入心脏。韩国兵卒的剑戟都是产自冥山、棠溪、墨阳、合伯。邓师、宛冯、龙渊、太阿的宝剑，在陆地都能把牛马砍断，在水中都能击中天鹅、大雁，与敌人交战立即就能将敌人斩杀。坚固的铠甲、盾牌、头盔、铁护臂、革制的射抉、系盾的绶带，这些没有一样韩国不具备的。凭借韩国士卒的勇猛，身穿坚固的盔甲，脚踏强劲的大弩，佩带上锋利的宝剑，可以一人当做百人，这是根本就不用说的。依靠韩军的强劲和大王您的贤德，竟然想要臣服于西面的秦国，将自己成为东面的藩国，为秦王修建出行游乐的宫殿，接纳秦国的冠带制度，在春秋季节向秦国进贡祭祀的礼品，抱着双臂拱手臣服。让国家社稷蒙受羞辱，被天下人所嘲笑，没有什么能超过这个了。所以我希望大王您能够好好考虑考虑。倘若大王您臣事秦国，秦国必定会索要宜阳、成皋，假若您把这两个地方献给秦王，明年他会再要求得到更多的土地。把土地割给秦国，这样持续下去韩国就将没有土地可以割让了；如若不割给土地的话，那您就会前功尽弃，之后就更会遭受秦国的祸害。并且大王您的国土是有限的，但秦国的贪欲却没有停止的时候。以有限的土地去迎合无休无止的贪欲，这就是人们所说的自己花钱购买仇怨和祸患，这样没有进行战争土地就已经穷尽了。我曾经听闻这样的俗语：「宁做鸡口，不做牛肛门。」如今大王向西面的秦国拱手称臣，这与做牛肛门又有什么分别呢？大王您如此贤明，拥有强劲的韩军，却要得到牛肛门的名声，我暗地里替大王您感到惭愧。』

原文

韩王忿然作色，攘臂按剑，仰天太息曰：『寡人虽[①]死，必不能事秦。今主君以楚王之教诏之，

敬奉社稷以从。」

注释

①虽：即使。

译文

韩王脸带怒气，挥动胳膊手按宝剑，对着天长叹一声说：『即使我死了，也必定不能够臣服于秦国。今天先生您对我言说赵王的教导，我将恭敬地把国家社稷奉上听从于您。』

张仪为秦连横说韩王

原文

张仪为秦连横说韩王曰：『韩地险恶，山居，五谷[①]所生，非麦而豆；民之所食，大抵豆饭藿羹[②]；一岁不收，民不餍糟糠；地方不满九百里，无二岁之所食。料大王之卒，悉之不过三十万，而厮徒负养[③]在其中矣，为除守徼亭障塞，见卒不过二十万而已矣。秦带甲百余万，车千乘，骑万匹，虎贲之士[④]跿跔科头贯颐奋戟[⑤]者，至不可胜计也。秦马之良，戎兵之众，探前趹后，蹄间三寻[⑥]者，不可称数也。山东[⑦]之卒，被甲冒胄以会战，秦人捐甲徒裎[⑧]以趋敌，左挈人头，右挟生虏。夫秦卒之与山东之卒也，犹孟贲之与怯夫也，以重力相压，犹乌获之与婴儿也。夫战孟贲、乌获之士，以攻不服之弱国，无以异于堕千钧之重集于鸟之上，必无幸矣。诸侯不料兵之弱，食之寡，而听从人之甘言好辞，比周以相饰也，皆言曰：「听吾计则可以强霸天下。」夫不顾社稷之长利而听须臾之说，诖误

人主者，无过于此者矣。

注释

①五谷：即稻、粟、麦、黍、稷五种粮食作物。②藿羹：豆叶做的菜羹。③厮徒负养：杂役和苦力。④虎贲之士：指勇猛的人。⑤跿跔科头贯颐奋戟：跿跔，单脚跳跃；科头，没戴头盔；贯颐，捧着脸；奋戟，高举战戟，这些都是勇猛不怕牺牲的表现。⑥寻：一寻等于三尺。⑦山东：殽山以东。⑧徒裎：赤身裸体。

译文

张仪为了秦国的连横之事，对韩王游说道：『韩国地形十分险恶，很多百姓都居住在山中，所种植的五谷粮食之中，不是麦子就是豆子；百姓所吃的，几乎都是豆饭或豆叶做的菜羹；假若有一年没有好收成，百姓吃糟糠都吃不饱。韩国国土方圆不足九百里，所积攒的粮食还不够吃两年。估计大王您的士卒，加起来也不过有三十万，把杂役和苦力包括在内，现在戍守关卡要塞的士兵也不会多于二十万。而秦国披戴铠甲的精锐部队就有百万还要多，战车上千辆，骁骑万匹，勇猛的兵卒，奔腾跳跃，高举战戟，甚至连铠甲都不戴就冲锋陷阵的，无法计算。秦国的战马品种优良，士卒众多。抬起前蹄蹬直后腿，前后蹄之间一跃能有二十四尺，这样的战马多得数都数不过来。崤山以东的士卒，就是披戴着盔甲前来迎战，秦兵即使不披戴盔甲赤身裸体，也能把敌人打败，左手提着人头，右手挟持着俘虏。秦兵的士卒与崤山以东的士卒进行比较，就好比是勇猛的孟贲和懦夫一样；如果再用重兵相压，就好比是大力士乌获与婴儿一样。用像乌获、孟贲一样勇猛的士卒，去攻打不臣服的弱国，

这和把千钧重的东西压在鸟卵上没有什么差别，必定没有幸存的。倘若诸侯们不估量一下自己兵力的衰弱，粮食的困乏，却听信主张合纵的说客的花言巧语，互相勾结营私欺诈，都说「只要您听从于我的谋略，就能够称霸天下。」不顾及国家社稷的长远利益，而只听信一时的空话，欺骗君主，没有什么能超过这了。

原文

『大王不事秦，秦下甲据①宜阳，断绝韩之上地，东取成皋、宜阳，则鸿台之宫、桑林之苑非王之有已。夫塞成皋，绝上地，则王之国分矣。先事秦则安矣，不事秦则危矣。夫造祸而求福，计浅而怨深，逆秦而顺楚，虽欲无亡，不可得也。故为大王计，莫如事秦。秦之所欲，莫如弱楚，而能弱楚者莫如韩。非以韩能强于楚也，其地势然也。今王西面事秦以攻楚，为敝邑，秦王必喜。夫攻楚而私其地，转祸而说秦，计无便于此者也。是故秦王使使臣献书大王御史，须以决事。』韩王曰：『客幸而教之，请比郡县，筑帝宫，祠春秋，称东藩，效宜阳。』

注释

①甲据：发兵占据。

译文

『倘若大王您不臣事秦国的话，秦国就会发兵夺取宜阳，把韩国上党的交通切断，东面夺取成皋、宜阳，这样的话，鸿台离宫、桑林御苑就不再归大王您所有了。倘若成皋被封锁了，上党的要道也被切断了，这样大王您的国家也就将要被分裂了。倘若您先臣事秦国的话就能得到安宁，而不臣事秦国就将会很危险了。倘若在灾祸中寻求福气，因为所用之计太短浅而结下很深的怨恨，违逆秦国却顺从于楚国，那么即使不想让国家灭亡，也是办不到的。所以替大王您考虑，最好是臣事秦国。秦国所想要的，没有什么比使楚国削弱更强烈的了，而能够使楚国削弱的，没有哪个国家能比上韩国。这并非是由于韩国比楚国强大，而是韩国的地势使然。如今大王您倘若能够臣事西面的秦国而攻打楚国，为敝国做事我们秦王必定十分高兴。围攻楚国而私占楚国的土地，把祸患转嫁于楚国并能取悦于秦王，没有什么计策能比这更有利可图了。所以秦王派遣使臣我向大王献书，等待大王您的裁决。』韩王说：『有幸能够得到客卿的赐教，请把韩国作为秦国的一个郡县，为秦王修筑行宫，在春秋季节进献祭祀的礼品，自称为东面的藩国，并将宜阳进献给秦王。』

颜率见公仲

原文

颜率见公仲，公仲不见。颜率谓公仲之谒者曰：『公仲必以率为阳也，故不见率。公仲好内①，率曰好士；仲啬②于财，率曰散施；公仲无行，率曰好义。自今以来，率且正言之而已矣。』公仲之谒者以告公仲，公仲遽起而见之。

注释

①内：指女人。②啬：吝啬。

译文

颜率要见公仲，可是公仲不肯接见。于是颜率就对公仲的礼宾官说：『公仲一定认为我撒谎，所以才不肯见我。公仲喜欢女色，而我却说爱士；公仲为人吝啬，而我却说乐善好施；公仲品性不端，而我却说急公好义。从现在起，我一切都据实而言。』公仲的礼宾官把这话转告给公仲以后，公仲立刻起来接见颜率。

楚围雍氏五月

原文

楚围雍氏[①]五月，韩令使者求救于秦，冠盖相望也，秦师不下殽[②]。韩又令尚靳[③]使秦，谓秦王曰：『韩之于秦也，居为隐蔽，出为雁行。今韩已病矣，秦师不下殽。臣闻之，唇揭者齿寒，愿大王之熟计之。』宣太后曰：『使者来者众矣，独尚子之言是。』召尚子入。宣太后谓尚子曰：『妾事先王也，先王以其髀加妾之身，妾困不支也；尽置其身妾之上，而妾弗重也，何也？以其少有利焉。今佐韩，兵不众，粮不多，则不足以救韩。夫救韩之危，日费千金，独不可使妾少有利焉。』

注释

①雍氏：韩地名。②殽：殽山。③尚靳：韩国的臣子。

译文

楚国已经将韩城雍氏围困五个月了，韩国派遣使者前去向秦国求救，使者的车辆连续不断，但秦国的军队始终没有东下殽山。韩王又派遣尚靳到秦国，尚靳对秦王说道：『韩国对秦国而言，平常的时候韩国是秦国的屏障，战争之时是秦国的先锋。如今韩国有难，秦军却一直没有东下殽山。我曾听闻，如果嘴唇没有了那么牙齿就会寒冷，希望大王您能仔细考虑一下。』宣太后说：『韩国来了那么多使者，只有尚靳说得对。』于是就把尚靳召来。宣太后对尚靳说道：『妾身我服侍先王，先王把他的大腿搭在我身上，我会十分困不能支；但先王把整个身子都压在我身上的时候，我却并不

觉得重，这是为何呢？因为稍微有些好处。如今援救韩国，倘若兵力不足，粮食不多，就不足以援救韩国。解救韩国的危机，一天就要耗费千金，难道连稍微给我些好处都不行吗？』

原文

尚靳归书报韩王，韩王遣张翠[1]。张翠称病，日行一县。张翠至，甘茂[2]曰：『韩急矣，先生病而来。』张翠曰：『韩未急也，且急矣。』甘茂曰：『秦重国知王也，韩之急缓莫不知。今先生言不急，可乎？』张翠曰：『韩急则折而入于楚矣，臣安敢来？』甘茂曰：『先生毋复言也。』

注释

①张翠：韩国的臣子。②甘茂：秦国的大臣。

译文

尚靳回来向韩王上书报告，韩王就派大臣张翠再到秦国。但是张翠声称有病，一天只能走一个县的路程。张翠到了秦国，甘茂说：『韩国形势已如此紧急了吗？先生病了还要前来。』张翠说：『韩国形势还没有紧急，将要紧急了。』甘茂说：『秦国强大君王贤明，韩国形势紧急与否，没有什么不知道的。如今先生却说不紧急，这可以吗？』张翠说：『韩国倘若真的紧急的话，就会转过来投靠楚国，我怎么还能来？』甘茂说：『先生您不用再说了。』

原文

甘茂入言秦王曰：『公仲柄得秦师，故敢捍楚。今雍氏围，而秦师不下殽，是无韩也。公仲且抑首[1]而不朝，公叔且以国南合于楚。楚、韩为一，魏氏不敢不听，是楚以三国谋秦也。如此则伐秦之

形成矣。不识坐而待伐，孰与伐人之利？』秦王曰：『善。』果下师于殽之救韩。

注释

①抑首：低着头。

译文

甘茂入朝对秦王言说此事，说道：『倘若公仲能够掌控秦军，就能够对抗楚国。如今韩城雍氏被困围，但秦军却不东下殽山出兵援助，这样秦国就会丧失韩国这个盟国。并且公仲奋拉着头也不上朝，公叔必将与南面的楚国联合，如果楚、韩联合的话，魏国就不敢不听从楚国，这样楚国就会利用楚、韩、魏三国之力对秦国有所图谋。如此一来，讨伐秦国的联盟就建成了。难道不知道是坐着等待被人讨伐好还是讨伐别人好吗？』秦王说：『好吧。』于是果真发兵东下殽关去救助韩国。

楚围雍氏韩令冷向借救于秦

原文

楚围雍氏，韩令冷向①借救于秦，秦为发使公孙昧②入韩。公仲③曰：『子以秦为将救韩乎？其不乎？』对曰：『秦王之言曰，请道于南郑、蓝田④以入攻楚，出兵于三川以待公，殆不合矣。』公仲曰：『奈何？』对曰：『秦王必祖张仪之故谋⑤。楚威王攻梁，张仪谓秦王曰：「与楚攻梁，魏折⑥而入于楚。韩固其与国也，秦孤也。故不如出兵以劲魏。」于是攻皮氏。魏氏劲，威王怒，楚与魏大战，秦取西河之外以归。今也其将扬言救韩，而阴⑦善楚，公恃秦而劲，必轻与楚战。楚阴得秦之不

用也，必易与公相支也。公战胜楚，遂与公乘楚，易三川而归。公战不胜楚，塞三川而守之，公不能救也。臣甚恶其事。司马康三反之郢[8]矣，甘茂与昭献遇于境，其言曰收玺[9]，其实犹有约也。」

注释

①冷向：韩国的大臣。②公孙昧：秦国的大臣。③公仲：韩国的相国。④南郑、蓝田：韩地名。⑤祖张仪之故谋：即言效仿张仪以前的计谋。⑥折：反过来。⑦阴：指背地里，暗中。⑧郢：楚国的都城。⑨玺：在此指兵符。

译文

楚国围困了韩国的城邑雍氏，于是韩王就派遣大臣冷向前往秦国求救，秦国因为此事派遣公孙昧前往韩国。韩相国公仲问：『您觉得秦国将会出兵救助韩国呢？还是不救助呢？』公孙昧回答说：『秦王说：「想要借道于韩国的南郑和蓝田以攻打楚国，发兵驻扎在三川，在那等您」，这样秦军和韩军大概不会会合。』公仲说：『那该怎么办啊？』公孙昧回答说：『秦王必定会效仿张仪之前的计策。那时楚威王讨伐魏国，张仪向秦王进谏说：「和楚国一起讨伐魏国，魏国就会反过来臣事楚国，韩原本就和魏国是联盟国，这样秦国就会很孤立。因此不如发兵援助魏国，使魏国态度强硬。」此时楚国正在进攻皮氏，魏国得到了秦国的援兵而态度强硬，楚威王很愤怒，楚国和魏国大战，秦军却趁机夺取了魏国的西河之外的土地返回秦国了。如今秦国也将会扬言宣称救助韩国，但背地里却与楚国交好，您自恃有秦国的援助，态度就更为强硬，与楚交战必定会轻视楚国。而楚国却暗中知道秦国不会真的为韩所用，必定会很轻易地就与您开战，倘若您打败了楚国，秦国就趁机和您一起占领楚地，再用占领的楚地换取韩国的三川之后就返回了；倘若您没有打败楚国，秦国已经驻扎在了三川，三川之地易守难攻，您也不能解救三川。我十分讨厌这种事。秦臣司马康三次往返楚国的都城郢，甘茂和昭献在边境都碰到过他，他虽然声称是要制止楚韩交战，收回兵符，但实际上双方却在暗地里约定讨伐韩国。』

原文

公仲恐曰：『然则奈何？』对曰：『公必先韩而后秦，先身而后张仪。以公不如亟[1]以国合于齐、楚，秦必委国于公以解伐[2]。是公之所以外者仪而已，其实犹之不失秦也。』

注释

①亟：赶紧，立刻。②解伐：解除被讨伐的危险。

译文

公仲十分恐惧地说：『那么应该如何是好啊？』公孙昧回答说：『您一定要先想想韩国自己怎么办，之后再考虑秦国的援助，要想想自己有没有智谋，之后再考虑张仪的救助，因此您不如赶快联合齐国和楚国，秦国必将把国家委托于您，以便解除被讨伐的危机。如此一来您所疏远的仅仅是张仪而已，实际上并没有丢掉秦国。』

韩傀相韩

韩傀相韩，严遂①重于君，二人相害也。严遂政②议直指，举韩傀之过。韩傀以之叱之于朝。严遂拔剑趋之，以③救解。于是严遂惧诛，亡④去，游求人可以报韩傀者。

注释

①严遂：韩国的臣子。②政：通『正』，正直。③以：因为。④亡：逃亡。

韩傀任韩国的国相，严遂也受到韩烈侯的器重，他们二人相互排斥。严遂敢于公正地发表议论，直言不讳地进行批评，指责韩傀的过错。韩傀因此在朝廷上怒斥严遂，严遂拔出剑直奔韩傀，因有人阻止才得以排解。此后，严遂害怕被韩傀杀害，就逃离了韩国，到处寻找可以向韩傀报仇的人。

至齐，齐人或言：『轵①深井里聂政，勇敢士也，避仇隐于屠者之间。』严遂阴②交于聂政，以意厚之。聂政问曰：『子欲安用我乎？』严遂曰：『吾得为役之日浅，事今薄③，奚敢有请？』于是严遂乃具酒，觞聂政母前。仲子奉黄金百镒，前为聂政母寿。

注释

①轵：齐地名，位于今河南济源南。②阴：暗地里。③薄：临近，逼近。

译文

严遂到了齐国，齐国人对他说：『轵邑深井里的聂政，是个勇敢的侠士，因为躲避仇人才混迹在屠户中间。』严遂就和聂政暗中来往，以深情厚谊相待。聂政问道：『你想用我干什么呢？』严遂说：『我为你效力的时间还不长，现在事情又很紧迫，怎么敢对你有所求呢？』于是严遂就备办了酒席，向聂政的母亲敬酒，还进献黄金百镒，走上前去向聂政的母亲祝寿。

原文

聂政惊，愈怪其厚，固[①]谢严仲子。仲子固进，而聂政谢曰：『臣有老母，家贫，客游以为狗屠，可旦夕得甘脆以养亲。亲供养备，义不敢当仲子之赐。』严仲子辟[②]人，因为聂政语曰：『臣有仇，而行游诸侯众矣。然至齐，闻足下义甚高。故直进百金者，特以为夫人粗粝[③]之费，以交足下之欢，岂敢以有求邪？』

注释

①固：坚决。②辟：通『避』，避开。③粗粝：粗糙的米。

译文

聂政大为震惊，对他如此厚待更加感到奇怪，就坚决辞谢严遂的赠金。严遂坚决要送。聂政就推辞说：『我有个老母亲，家境贫寒，只得离乡背井，做个杀狗的屠夫，这样，可以早晚买些美味可口的食物来奉养母亲。母亲的供养已经齐备，按理说不敢再接受你的赏赐。』严遂屏去他人，于是就对聂政说：『我有个仇人。我游访过很多诸侯国了，然而到了齐国，才听说你很重义气。所以特

地送上百金，只不过想作为老人家粗劣饮食的费用，也让你感到高兴，哪里敢有什么请求呢？』

原文

聂政曰：『臣所以降志辱身，居市井者，徒[①]幸而养老母。老母在，政身未敢以许人也。』严仲子固让，聂政竟不肯受。然仲子卒备宾主之礼而去。

注释

①徒：仅仅，只不过。

译文

聂政说：『我之所以降心抑志，屈身辱体，隐居在这集市上，只是希望能够奉养老母。我的老母还健在，不敢答应为别人去死。』严遂坚持让聂政收下赠金，聂政终究不肯接受。可是严遂到底还是尽了宾主之礼才离去。

原文

久之，聂政母死，既[①]葬，除[②]服。聂政曰：『嗟乎！政乃市井之人，鼓刀以屠，而严仲子乃诸侯之卿相也，不远千里，枉车骑而交臣，臣之所以待之至浅鲜矣，未有大功可以称者，而严仲子举百金为亲寿，我虽不受，然是深知政也。夫贤者以感忿睚眦之意，而亲信穷僻之人，而政独安可嘿然[③]而止乎？且前日要政，政徒以老母。老母今以天年终，政将为知己者用。』

注释

①既：已经。②除：脱下。③嘿然：沉默的样子。嘿，通『默』，沉默。

译文

过了很久，聂政的母亲去世，安葬以后，聂政守孝期满，脱去丧服，感叹地说：『唉，我聂政只是个集市上舞刀屠宰的人，而严遂却是诸侯的卿相，他不远千里，屈驾前来与我结交，我对他太薄情了，没有做出可以和他待我相称的事情来，可他却拿出百金为老母祝寿，我虽然没有接受，可是这表明他很赏识我聂政啊！严遂这样贤明的人因为一时的小怨恨而亲近信任我这样穷乡僻壤的人，我聂政怎么竟然能够不声不响地了结了呢？再说以前他邀请过我，我只因为老母还健在。如今老母已享尽天年而逝，我要去为赏识我的人效劳。』

原文

遂西至濮阳，见严仲子曰：『前所以不许仲子者，徒以亲在。今亲不幸，仲子所欲报仇者为谁？』严仲子具告曰：『臣之仇韩相傀。傀又韩君之季父[①]也，宗族盛，兵卫设，臣使人刺之，终莫能就。今足下幸而不弃，请益车骑壮士，以为羽翼。』政曰：『韩与卫，中间不远，今杀人之相，相又国君之亲，此其势不可以多人。多人不能无生得失，生得失则语泄，语泄则韩举国而与仲子为雠也，岂不殆哉！』遂谢车骑人徒，辞，独行仗剑至韩。

注释

①季父：叔父。

译文

于是聂政向西到了濮阳，见了严遂说：『以前我之所以没答应你，只因为我母亲还健在。如今

我母亲已经去世，请问你想报仇的人是谁？』严遂把情况都告诉聂政说：『我的仇人是韩国国相韩傀。韩傀又是韩烈侯的叔父，他同宗族的人很多，兵卫布置得很严密，我派人去刺杀他，始终没能成功。现在承蒙你不嫌弃我，请让我为你多多准备车马和勇士作为你的助手。』聂政说：『韩国和卫国相隔不远，现在要去刺杀韩国国相，而他又是国君的亲人，在这种情况下，不能够带很多人去；人多了容易出差错，出了差错就难免在言语间泄漏机密；泄漏了机密，那么韩国举国上下都会与你为仇，那岂不是太危险了吗？』于是聂政谢绝了车马和随从人员，告别了严遂，只身一人拿着剑到了韩国。

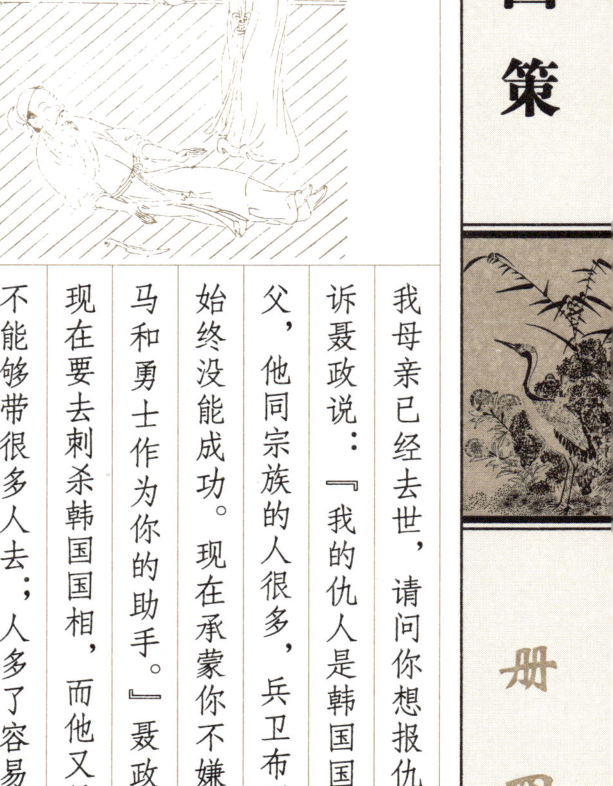

齐聂政姊

聂政为报严仲子知遇之恩，刺杀韩相韩傀。聂政姊不忍其弟名声被埋没，抱尸痛哭。这幅画表现的就是这个壮烈场景。

原文

韩适①有东孟之会，韩王及相皆在焉，持兵戟而卫者甚众。聂政直入，上阶刺韩傀。韩傀走而抱哀侯，聂政刺之，兼中哀侯，左右大乱。聂政大呼，所杀者数十人。因自皮面抉眼②，自屠出肠，遂以死。

注释

①适：恰巧，适逢。②皮面抉眼：割破脸，挖出眼睛。

译文

韩国恰好在东孟举行盟会，韩烈侯和韩傀都在场，他们身边手持兵器警卫的人很多。聂政径直闯了进去，登上台阶刺杀韩傀，韩傀跑向韩哀侯，聂政刺死韩傀，同时也刺中了哀侯。左右的人一片混乱，聂政大声呼喊，杀死了几十人，随后他自己用剑划破脸皮，挖出眼珠，又剖腹挑出肠子，就此死去。

原文

韩取聂政尸暴于市，县[①]购之千金。久之莫知谁子。政姊闻之，曰：『弟至贤，不可爱妾[②]之躯，灭吾弟之名，非弟意也。』乃之韩。视之曰：『勇哉！气矜之隆。是其轶[③]贲、育[④]而高成荆矣。今死而无名，父母既殁，兄弟无有，此为我故也。夫爱身不扬弟之名，吾不忍也。』乃抱尸而哭之曰：『此吾弟轵深井里聂政也。』亦自杀于尸下。

注释

①县：通『悬』，悬赏。②妾：女子对自己的卑称。③轶：超过。④贲、育：即孟贲、夏育，两人都非常勇武。

译文

韩国把聂政的尸体摆放在街市上，用千金重赏征求人的姓名。过了很久，没有人知道他究竟是谁。聂政的姐姐听说后，说道：『我弟弟是个非常善良的人，我不能吝惜自己的生命，而埋没弟弟的名声；埋没他的声名，这也不是弟弟的本意。』于是她就去了韩国，她指着聂政的尸体说：『英勇啊！豪气

壮烈！你的行为简直超过了孟贲和夏育，盖过了成荆！现在你死了却不让人知道你的姓名，父母已不在世，又没有兄弟，你这样做都是为了不牵连我啊。吝惜自己的生命而不去显扬你的名声，我不忍心这样做啊！』于是就抱着聂政的尸体痛哭道：『这是我弟弟轵邑深井里的聂政啊！』于是在聂政的尸体旁自杀身死。

原文

晋、楚、齐、卫闻之曰：『非独政之能，乃其姊者，亦列女也。』聂政之所以名施于后世者，其姊不避菹醢[1]之诛，以扬其名也。

注释

①菹醢：古代非常残忍的一种刑法，把人剁为肉酱。

译文

晋、楚、齐、卫等国的人听说了这件事，都赞叹道：『不仅聂政勇武，就是他的姐姐也是个重义轻生有节操的女子啊！』聂政之所以能名垂后世，就是因为他姐姐不怕自己被剁成肉酱来显扬他的名声啊！

或谓韩王

原文

或谓韩王曰：『秦王欲出事于梁[①]，而于攻绛、安邑，韩计将安出矣？秦之欲伐韩以东窥周室甚，唯寐忘之。今韩不察，因欲与秦，必为山东[②]大祸矣。秦之欲攻梁也，欲得梁以临[③]韩，恐梁之不听也，故欲病之以固交也。王不察，因欲中立，梁必怒于韩之不与己，必折[④]为秦用，韩必举矣。愿王熟虑之也。』

注释

①出事于梁：指对魏国发动战事。②山东：崤山以东，这里指崤山以东的诸侯国。③临：兵临。④折：反过来。

译文

有人对韩王说道：『秦王想要讨伐魏国，接着攻打绛地和安邑，韩国将怎样应对呢？秦国之所以想要讨伐韩国，是想要尽快灭掉周王朝，只有这个才是他梦寐以求的。倘若如今韩国不清楚这一点，打算与秦国联手，这必将是六国的大祸。秦国之所以想要讨伐魏国，是想要夺取魏国，以兵临韩国，担心魏国不听从于他，因此才想给魏国点颜色瞧瞧，以巩固秦、魏的邦交。大王倘若不清楚这些，而打算中立，魏国必定会很怨恨韩国不帮助自己，魏国必将反过来为秦国所用，到时候韩国必将被攻取，希望大王您好好考虑考虑。』

原文

『不如急发重使之赵、梁，约复为兄弟，使山东皆以锐师戍韩、梁之西边，非为此也，山东无以救亡，此万世之计也。秦之欲并[①]天下而王之也，不与古同。事之虽如子之事父，犹将亡之也；行虽如伯夷，犹将亡之也；行虽如桀、纣，犹将亡之也。虽善事之无益也，不可以为存，适[②]足以自令亟亡也。然则山东非能从亲，合而相坚如一者，必皆亡矣。』

注释

①并：兼并。②适：恰恰。

译文

『您不如赶紧派特使前往赵、魏两国，与他们结成兄弟一样友好的邦交，让崤山以东的六国都派出精锐部队戍守韩、魏两国西面的边界，不这样的话崤山以东的国家都将无法救亡图存，这是恩泽万世的长远之计。秦国想要兼并诸侯，称王于天下，它和以往的称王不同。侍奉秦国即使是如同儿子侍奉父亲一样，最终仍然会被秦国灭亡；做事即使是像伯夷禅让王位一样高尚，也仍然会被灭掉；做事即使是像夏桀、殷纣那样无道，但仍将被灭掉。即使好好侍奉秦国，也不会有什么好处，凭借这个不能使自己得以保存，反而会加速自己的灭亡。这样看来倘若山东六国不能建立合纵联盟，坚守盟约，团结一致的话，必将都会被秦所灭。』

谓郑王

谓郑王曰：『昭釐侯①，一世之明君也；申不害②，一世之贤士也。韩与魏敌侔之国也，申不害与昭釐侯执珪③而见梁君，非好卑而恶尊也，非虑过而议失也。申不害之计事曰：「我执珪于魏，魏君必得志于韩，必外靡于天下矣，是魏弊矣。诸侯恶魏必事韩，是我免于人一之下，而信于万人之上也。夫弱魏之兵而重韩之权，莫如朝魏。」昭釐侯听而行之，明君也；申不害虑事而言之，忠臣也。今之韩弱于始之韩，而今之秦强于始之秦。今秦有梁君之心矣，而王与诸臣不事为尊秦以定韩者，臣窃以为王之明为不如昭釐侯，而王之诸臣忠莫如申不害也。』

注释

①昭釐侯：韩昭侯。②申不害：为韩昭侯时的相国。③执珪：大臣朝见君王时需手持珪玉，这里是指向魏王称臣。

译文

有人对韩釐王说：『韩昭侯是一代明君，相国申不害是一代贤德之臣，韩、魏是势力相当的两个国家，相国申不害和韩昭侯手执珪玉前去会见魏王，并非喜好卑微讨厌尊贵，也不是考虑错误，计策有过失。申不害考虑这件事的时候说：「我拿着珪玉向魏称臣，魏王必然感觉很得志，这样他必然会在外被其他诸侯所击败，这样魏就会很疲敝。诸侯们厌恶魏国，必定会与韩国友好。这样我虽然位居魏王一人之下，但却受到高居万人之上的尊重。因此，削弱魏军，使韩国的权势得到尊重，

最好的计策就是朝拜魏王。」韩昭侯听从并且实行了申不害的这个计策，是个明君；申不害考虑此事并献计，是忠臣。如今的韩国虽然比之前的韩国要衰弱，而如今的秦国比强于之前的秦国。现在秦王有着和魏王一样的心意，但是大王与臣子们却不再尊重侍奉秦国以此安定韩国，我私下里认为大王没有昭侯明智，而大王您的臣子们也没有申不害忠心。

原文

『昔者，穆公一胜于韩原[1]而霸西州，晋文公一胜于城濮而定天下，此以一胜立尊令、成功名于天下。今秦数世强矣，大胜以十数，次胜以百数，大之不王，小之不霸，名尊无所立，制令无所行，然而春秋用兵者非以求主尊成名于天下也？

注释

①韩原：地名，位于今山西芮城东北方向。

译文

『昔日，秦穆公在韩原打了一次大胜仗，就在西部称霸，晋文公在城濮打了一次大胜仗，就在天下占有重要地位。这些都是凭借一次大胜仗就称霸诸侯，名扬天下。如今秦国几代都很强盛，大的胜仗打了又几十次，小的胜仗就有上百次，打了胜仗未能称王，打了小胜也未能称霸，没有立下尊崇的名分，制度法令也未能得到推行，但是春秋时期使用武力战争，难道就不是为了立下尊崇的名分，扬名于天下吗？

原文

『昔先王之攻，有为名者，有为实者。为名者攻其心，为实者攻其形。昔者，吴与越战，越人大败，保于会稽之上，吴人入越而户抚之。越王使大夫种行成于吴，请男为臣，女为妾，身执禽[1]而随诸御[2]。吴人果听其辞，与成而不盟，此攻其心者也。其后越与吴战，吴人大败，亦请男为臣，女为妾，反以越事吴之礼事越，越人不听也，遂残吴国而禽夫差，此攻其形者也。今将攻其心乎，宜使如吴，攻其形乎，宜使如越。夫攻形不如越而攻心不如吴，而君臣上下少长贵贱毕呼霸王，臣窃以为犹之井中而谓曰：「我将为尔求火也。」』

注释

①禽：禽鸟，这里指拜见别人时携带的礼物。②御：下层的管事的人。

译文

『昔日先王发动的进攻，有是为声名的，有是为实利的，追求声名的攻其内心，追求实利的要攻其形体。以前，吴、越交战，越国败得很惨，在会稽山上得以保存，吴国侵入越国，监视、镇抚他们。越王勾践让大夫文种前往吴国，请求让越国的男子做吴国奴隶，女子做吴国人的小妾，亲自带着礼品跟在管事人的后面。吴国人果真答应了他们的请辞，同越王议和，但是不和它结盟，这就是攻其内心啊。后来越吴两国交战，吴国大败，也请求让男子做越国的奴隶，女子为越国人做小妾，吴国反过来用越国侍奉吴国的方式侍奉越国，但越王却没有答应，于是就灭掉了吴国，擒获了吴王夫差，这就是攻其形体啊。如今想要攻心，就要像吴国那样；想要攻其形体，就要使自己像越国那样。倘若攻其形体没有越国那么彻底，攻其心理不像吴国那样宽容，君臣上下，无论长幼，贫富贵贱，都高呼称王称霸，我私下里觉得这就好比是自己掉进了井里，却对人说「我将替你找火」一样。』

东孟之会

原文

『东孟之会，聂政、阳坚刺相[1]兼君。许异[2]蹴哀侯而殪之，立以为郑[3]君。韩氏之众无不听令者，则许异为之先也。是故哀侯[4]为君，而许异终身相焉。而韩氏之尊许异也，欲其尊哀侯也。今日郑君不可得而为也，虽终身相之焉，然而吾弗为云者，岂不为过谋哉！

注释

①相：指韩相韩傀。②许异：韩国的臣子。③郑：郑国，此时已经被韩国吞并，郑国的都城成为了韩国的都城，因此史书中经常用郑指代韩国。④哀侯：即上面所提到的韩王。

译文

『东孟集会上，聂政和阳坚行刺韩相韩傀，并且还刺伤了韩哀侯。大臣许异故意用脚踢韩哀侯，让他装死，后来韩哀侯成为国君，韩国的百姓没有不听从于他的命令的，那是许异所做的表率。因此韩哀侯做国君的时候，许异终身一直都是韩国的相国。韩国人之所以尊崇许异，就像尊崇韩王一样。如今韩国的国君不可能再像以前一样受人尊崇了，但是终身为相也是好事，如果我们不这样的话，岂不是谋划错了吗？

原文

『昔齐桓公九合诸侯，未尝不以周襄王之命。然则虽尊襄王，桓公亦定霸矣。九合之尊桓公也，犹其尊襄王也。今日天子不可得而为也，虽为桓公，吾弗为云者，岂不为过谋而不知尊哉？韩氏之士数十万，皆戴哀侯以为君，许异独取相焉者无他；诸侯之君无不任事于周室也，而桓公独取霸者亦无他也。今强国[1]将有帝王之亹[2]，而以国先者，此桓公、许异之类也。岂可不谓善谋哉？夫先与强国之利，强国能王[3]，则我必为之霸；强国不能王，则可以辟其兵，使之无伐我。然则强国事成，则我立帝而霸，强国之事不成，犹之厚德我也。今与强国，强国之事成则有福，不成则无患，然则先与强国者，圣人之计也。』

注释

①强国：指秦国。②亹：征兆。③王：称王。

译文

『昔日齐桓公九次会盟天下诸侯，未尝不是打着周襄王的命令的名号。但是诸侯们虽然尊崇周襄王，但是齐桓公的霸业还是建成了。天下人尊崇齐桓公，就像尊崇周襄王一样。如今的周天子已经不能再受尊重了。即使是做齐桓公也不错啊，我们不这样，岂不是失策，并且不知道受人尊崇吗？韩国有几十万的百姓，都拥戴哀侯做韩国的国君，唯独许异担任韩国的相国，这没有其他原因；各个诸侯国的君主没有不在周王室任职的，却只有齐桓公建立了霸业，这也没其他原因。如今秦国有称帝的兆头，韩国先和秦国联合，这是像齐桓公和许异一样的做法啊。这怎能不被称为善于谋划呢？

先与强国联合会获得好处；倘若强国能够称王的话，那么我就必然可以称霸一方；倘若强国不能称王的话，那么也可以躲避战祸，不会被强国讨伐。这样，倘若强国称王成功了，我也就可以称霸一方；倘若强国称王未能成功，它也会深深地感激我。现在与强国联合，强国称王的大事成功了，就会有福；称王的大事没有成功，也不会有什么祸害。这样来看，先与强国联合，这是圣人的谋略。』

段干越人谓新城君

原文

段干越人[①]谓新城君曰：『王良[②]之弟子驾，云取千里马，遇造父[③]之弟子。造父之弟子曰：「马不千里。」王良弟子曰：「马，千里之马也；服[④]，千里之服也。而不能取千里，何也？」曰：「子纆[⑤]牵长。故纆牵于事，万分之一也，而难千里之行。」今臣虽不肖，于秦亦万分之一也，而相国见臣，不释[⑥]塞者，是纆牵长也。』

注释

①段干越人：段干，本为地名，此人以此地名为姓，名越人。②王良：人名，为赵简子驾车的人。③造父：人名，为周穆王驾车的人。④服：古时候的一辆车有四匹马，旁边的两匹马称为骖，中间的两匹马称为服。⑤纆：驾驭马时所用的缰绳。⑥释：释放，打开。

译文

段干越人对新城君说：『王良的弟子驾车，说他得到了千里马，遇到了造父的弟子。造父的弟子说：「马跑不到一日千里的速度。」王良的弟子说：「我驾车用的骖马和服马都是千里马，跑不了千里，为什么？」造父弟子说：「你的缰绳放得太长，缰绳的长短对马跑的速度，也有万分之一的影响，所以你的马跑不了千里。」现在我虽然没有什么才能，但对于秦国也有万分之一的影响，而相国您看到我，不打通对我的阻碍，也是缰绳拉得太长了。』

卷二十九 燕策一

苏秦将为从北说燕文侯

苏秦将为从[1]，北说燕文侯曰：『燕东有朝鲜、辽东，北有林胡、楼烦，西有云中、九原，南有呼沱、易水。地方二千余里，带甲数十万，车七百乘，骑六千匹，粟支十年。南有碣石、雁门之饶，北有枣粟之利，民虽不由田作，枣粟之实足食于民矣。此所谓天府也。夫安乐无事，不见覆军杀将之忧，无过燕矣。大王知其所以然乎？

注释

①从：通『纵』，合纵。

译文

苏秦为了合纵的计策去北方游说，他对燕文侯说：『燕国东面有朝鲜和辽东，北面有林胡和楼烦，西边有云中和九原，南边有呼沱河和易水，国土方圆两千多里，士兵有几十万，战车七百多辆，战马六千多匹，存粮可以供十年食用。燕国的南边有碣石和雁门的丰饶地产，北边有大量枣和栗子的收成，即便是老百姓都不去种地，仅仅是枣和栗子也够吃的了，这就是所谓的天府之国。燕国长久以来百姓安居乐业，免于战争的灾祸，不用担心战败的忧虑，这样的和平环境没有任何一个诸侯国能跟燕相比。大王知道这是为什么吗？

原文

『夫燕之所以不犯寇被兵[①]者，以赵之为蔽于南也。秦、赵五战，秦再胜而赵三胜。秦、赵相弊，而王以全燕制其后，此燕之所以不犯难也。且夫秦之攻燕也，逾云中、九原，过代、上谷，弥地踵[②]道数千里，虽得燕城，秦计固不能守也。秦之不能害燕亦明矣。今赵之攻燕也，发兴号令，不至十日，而数十万之众，军于东垣矣。度呼沱，涉易水，不至四五日距国都矣。故曰，秦之攻燕也，战于千里之外，赵之攻燕也，战于百里之内。夫不忧百里之患而重千里之外，计无过于此者。是故愿大王与赵从亲，天下为一，则国必无患矣。』

注释

①被兵：遭受战争的祸患。②踵：足迹。

译文

『燕国之所以能够免于战祸，就是因为有南面的赵国做屏障。秦国和赵国先后发起了五次战争，秦国胜了两次赵国胜了三次，秦军赵军的实力彼此互相削弱，而大王却保住了自己的实力，稳坐在后方，这正是燕国不被侵犯的原因。再说如果秦国想攻打燕国，要穿越云中、九原、代郡、上谷等地方，长途跋涉几千里，即使能够打下燕国的城池，也不能守得下来，秦国不能来攻打燕国的道理是显而易见的。如果赵国攻打燕国，赵王下令出兵，不超过十天，几十万的大军就能够集结到东垣这里。渡过呼沱河和易水，不用四五天就能够到达燕国的都城。所以说秦国攻打燕国，要在千里之外开战；而赵国攻打燕国，战事却在百里之内。不去担心百里之内的忧患而眼盯着千里之外的事情，

这是非常严重的战略失误。所以我希望您能够和赵国结成战略同盟，诸侯国都联合起来，燕国就没有什么要去担心的了。』

燕王曰：『寡人国小，西迫强秦，南近齐、赵。齐、赵，强国也，今主君幸教诏之，合从以安燕，敬以国从。』于是赍[1]苏秦车马金帛以至赵。

注释

①赍：赠予，赠送。

燕王说：『我们燕国弱小，西面担心着强秦进攻，南面靠近齐国赵国。齐国赵国都是诸侯国中的强国，如今受到了您的指点，让我加入合纵联盟来使国家长治久安，我愿意把整个国家交给您来安排。』而后给苏秦提供了车辆钱币礼品，让他到赵国谈合纵的事。

燕文公时

燕文公时，秦惠王以其女为燕太子妇。文公卒，易王立。齐宣王因燕丧攻之，取十城。武安君苏秦为燕说齐王，再拜而贺，因仰而吊。齐王按戈而却[1]曰：『此一何庆吊相随之速也？』对曰：『人之饥所以不食乌喙[2]者，以为虽偷[3]充腹而与死同患也。今燕虽弱小，强秦之少婿也。王利其十城而

深与强秦为仇。今使弱燕为雁行[4]，而强秦制其后，以招天下之精兵，此食乌喙之类也。』

注释

①却：使退却。②乌喙：一种有毒的东西。③偷：暂且。④雁行：向大雁飞行一样，按顺序前进。在此指充当先锋。

译文

燕文公在位的时候，秦惠王把他的女儿嫁给了燕国太子。燕文公去世以后，太子易王继承了王位，齐国趁着燕国遭遇国丧的时候进攻燕国，连着攻下了十座城池。武安君苏秦为了燕国去游说齐王，他两次行跪拜礼表示庆贺，接着又仰面吊唁。齐王按住手边的兵器喝令他退却，说道：『为什么在庆贺之后这么快就跟着吊唁？』苏秦答道：『人在饥饿的时候之所以不去吃有毒的食物，就是因为虽然吃下去能暂时充饥，但毒死和饿死一样都非常痛苦。如今燕国虽然弱小，但燕王确是强大秦国的女婿。大王贪图十个城池却和强秦结下了深深的仇恨，如果让弱小的燕国做前锋，而强大的秦国在后方支援，招揽天下的精兵来进攻齐国，这就如同您吃下了有毒的食物一样。』

原文

齐王曰：『然则奈何？』对曰：『圣人之制事也，转祸而为福，因败而为功。故桓公负妇人而名益尊，韩献开罪[1]而交愈固，此皆转祸而为福、因败而为功者也。王能听臣，莫如归燕之十城，卑辞以谢秦。秦知王以己之故归燕城也，秦必德王；燕无故而得十城，燕亦德王。是弃强仇而立厚交也。且夫燕、秦之仅事齐，则大王号令天下皆从。是王以虚辞附秦，而以十城取天下也。此霸王之业矣。

所谓转祸为福，因败成功者也。』

注释

①开罪：得罪。

译文

齐王问道：『这可该怎么办呢？』苏秦答道：『圣人做事，能够把坏事变成好事，让失败转变为成功。所以虽然齐桓公好女色，但声名依然更加显赫；韩献子得罪了赵盾，却让两个人的交情更加深厚，这就是将坏事变成好事、把失败转为成功的例子。大王如果愿意听从我的计策，不如把燕国的十座城池还回去，用恳切的言辞向秦国道歉。秦王知道大王您是因为秦国的关系才归还这十座城池，一定会感激你；而燕王不费周折就收回了自己的城池，必然会对大王感恩戴德。这就是把强敌转化为友好的邦交。而且如今燕国秦国都跟齐国建立了友好邦交，其他诸侯国也都会听从大王的号令。这样一来，虽然大王对秦国说了些谦恭的话，但却用十座城池换来了各诸侯国的遵从，这是建立霸业的功绩。这就是所谓的变坏为好，变失败为成功。』

原文

齐王大说，乃归燕城，以金千斤谢其后，顿首涂[1]中，愿为兄弟而请罪于秦。

注释

①涂：通『途』。

译文

齐王听了以后非常高兴，于是把占领燕国的十座城池还了回去，还拿出黄金千金表示歉意，一路上表现得非常谦卑，向秦国请罪并表示愿意结为兄弟般的邦国。

人有恶苏秦于燕王者

原文

人有恶[1]苏秦于燕王[2]者，曰：『武安君，天下不信人也。王以万乘下之，尊之于廷，示天下与小人群也。』

注释

①恶：诋毁，诽谤。②燕王：指燕易王。

译文

有人在燕易王面前诽谤苏秦说：『武安君苏秦是天下最不讲信义的人，君王以万乘之尊去俯就他，在朝廷上推崇他，这是向天下诸侯表示君王和小人为伍。』

原文

武安君从齐来，而燕王不馆[1]也。谓燕王曰：『臣东周之鄙人也，见足下身无咫尺之功，而足下迎臣于郊，显臣于廷。今臣为足下使，利得十城，功存危燕，足下不听臣者，人必有言臣不信，伤臣于王者。臣之不信，是足下之福也。使臣信如尾生[2]，廉如伯夷[3]，孝如曾参[4]，三者天下之高行，

而以事足下，不可乎？』燕王曰：『可。』曰：『有此，臣亦不事足下矣。』

注释

①不馆：不准备馆舍。②尾生：相传尾生与一女子立下约定，在桥下相会。尾生在桥下等待，是时洪水暴发，但尾生信守约定不离开，最后为洪水所淹死，成为信守约定的楷模。③伯夷：商末孤竹君之长子。孤竹君原本想让次子叔齐承袭爵位，孤竹君死后叔齐让位于伯夷。伯夷认为这样会违背父命，于是逃亡，叔齐也随之一起逃亡。武王伐纣，伯夷、叔齐认为这是作乱，不道，隐遁首阳山，最后被饿死。④曾参：孔子弟子，历史上有名的孝子。

译文

苏秦从齐国回来，燕易王竟不准备馆舍招待，因而苏秦就对燕易王说：『臣是东周的一个乡野小民，当臣第一次晋见君王时，臣还没有一点儿功劳，而君王却到郊外来迎接臣，在朝廷上表彰臣招待臣。现在臣为君王出使齐国，使燕国收回十城的土地，有挽救弱燕危亡命运的功劳，但是君王反而不相信臣，一定是有人在君王面前说臣不讲信义，在君王面前诽谤臣。说臣不讲信义，那倒是君王的福气。假如臣像尾生一般守信、像伯夷一般高洁、像曾参一般孝顺，用这三个天下最好的美德来侍奉君王好不好呢？』燕易王说：『好啊。』苏秦说：『假如臣是有这三种美德的人，那臣也就不会来服侍君王了。』

苏秦曰：『且夫孝如曾参，义不离亲一夕宿于外，足下安得使之之齐？廉如伯夷，不取素餐①，

污武王之义而不臣焉，辞孤竹之君，饿而死于首阳之山。廉如此者，何肯步行千里，而事②弱燕之危主乎？信如尾生，期而不来，抱梁柱而死。信至如此，何肯杨③燕、秦之威于齐而取大功乎哉？且夫信行者，所以自为也，非所以为人也，皆自覆之术，非进取之道也。

注释

①素餐：什么也不付出而得到的饭。②事：臣事、事奉。③杨：通『扬』，宣扬。

译文

苏秦说：『臣一定要像曾参一般孝顺，连一夜都不肯离开父母而住在外面，那君王还能派臣出使齐国吗？假如臣像伯夷一般的高洁，不肯白吃不做事的饭，认为周武王不义就不做他的臣子，辞去孤竹君的王位不做，宁肯活活饿死在首阳山下，像这样孤高自赏的义士，又怎肯步行几千里来臣事危亡边缘的燕国君主呢？假如臣像尾生一般守信义，和女人在桥下约会，女人不来水来了，他竟抱着桥柱不走被淹死。像如此守信义的人，又怎肯到齐国去宣扬燕、秦的威势来建立大功呢？况且守信用的人，乃是为了自己，并不是为了别人，都是保护自己的方法，根本不是进取的策略。

原文

『且夫三王代兴，五霸迭盛，皆不自覆也。君以自覆为可乎？则齐不益于营丘①，足下不逾楚境，不窥于边城之外。且臣有老母于周，离老母而事足下，去自覆之术，而谋进取之道，臣之趣固不与足下合者。足下皆自覆之君也，仆者进取之臣也，所谓以忠信得罪于君者也。』

注释

①营丘：地名，位于今山东临淄一带。

译文

「况且三王相继兴起，五霸轮流强盛，都不仅仅是为了保护自己。君王以为保护自己是应该的吗？那齐国就不能进兵营丘，而君王也不能越过楚国的边界，更不能向边城之外窥探。况且臣有老母而来侍奉君王，放弃保护自己的观念而寻求进取的策略。臣的目的本来是跟君王不相合的，君王是保护自己的君主，而臣是力求进取的臣子，这就是『由于忠信却得罪君王』。」

原文

燕王曰：『夫忠信，又何罪之有也？』对曰：『足下不知也。臣邻家有远为吏者，其妻私人。其夫且归，其私之者忧之。其妻曰：「公勿忧也，吾已为药酒①以待之矣。」后二日，夫至。妻使妾奉酒进之。妾知其药酒也，进之则杀主父，言之则逐主母，乃阳僵弃酒②。主父大怒而笞③之。故妾一僵而弃酒，上以活主父，下以存主母也。忠至如此，然不免于笞，此以忠信得罪者也。

注释

①药酒：毒酒。②阳僵弃酒：佯装跌倒打翻了酒。阳，通『佯』，佯装。③笞：鞭笞。

译文

燕易王说：『忠信怎么会得罪寡人呢？』苏秦回答说：『君王可能不明白这种道理。臣有一个邻居到远方做官，留在家的妻子和人通奸，当丈夫要回家时，奸夫很担忧，这时奸妇对奸夫说：「你不必担心，我已经准备好毒药等他回来。」过了两天丈夫回来了，妻子叫侍妾端毒酒给他喝，侍妾知道这是一杯毒酒，男主人喝了就会被毒死，可是说出来侍妾就会被女主人赶走，因此侍妾就故意跌倒把毒酒弄翻，不料男主人竟然大怒而鞭打侍妾。侍妾故意把毒酒弄翻，对上救了男主人一命，对下保全了女主人在家中的地位。侍妾忠贞到如此程度，然而竟逃不过男主人的鞭打，这就叫做「以忠信而获罪」。

原文

『臣之事，适①不幸而有类妾之弃酒也。且臣之事足下，亢②义益国，今乃得罪，臣恐天下后事足下者，莫敢自必也。且臣之说齐，曾不欺之也。使之说齐者，莫如臣之言也，虽尧、舜之智，不敢取也。』

注释

①适：恰巧。②亢：提高。

译文

『臣今天的所作所为，不幸恰好有些类似这侍妾的故意把酒弄洒的情况。况且臣侍奉君王，是为了提高燕国的地位，希望对燕国能有所帮助，不料臣竟然因此而获罪，臣恐怕以后来侍奉君王的天下士子，都不敢相信能够做到这样。况且臣前往齐国游说的，并不是用欺骗手段。不过其他国家使者游说齐国的，没有谁像我说的这样让人信服。即使他们像尧、舜一般明智，齐国也不肯相信他们的话。』

苏代谓燕昭王

原文

苏代谓燕昭王曰：『今有人于此，孝若曾参、孝己[①]，信如尾生高，廉如鲍焦、史鳝[②]，兼此三行以事王，奚如？』王曰：『如是足矣。』对曰：『足下以为足，则臣不事足下矣。臣且处无为之事，归耕乎周之上地，耕而食之，织而衣之。』王曰：『何故也？』对曰：『孝如曾参、孝己，则不过养其亲耳；信如尾生高，则不过不欺人耳；廉如鲍焦、史鳝，则不过不窃人之财耳。今臣为进取者也。臣以为廉不与身俱达，义不与生俱立。仁、义者，自完之道也，非进取之术也。』

注释

①孝己：传说中商代高宗武丁之子，以孝行著，遭后母谗言，被放逐而死。后人常用作孝子的典范。

②鲍焦：周代隐士。史鳝：春秋时卫国人，字子鱼，又称史鱼。

译文

苏代对燕昭王说：『现在如果有一个人，孝行像曾参、孝己一样，守信像尾生高一样，廉正像鲍焦、史鳝一样，同时具备这三种品行来侍奉大王，大王您认为怎么样？』燕王说：『我所要的臣子只要具备这些就足够了。』苏代接着说：『大王您要是觉得这样才够的话，那我就不能侍奉大王了。我还是什么都不做，回到周朝的土地上，自己耕种来解决吃饭问题，自己织布来解决穿衣问题。』燕王说：『这是为什么呢？』苏代回答说：『孝行能像曾参、孝己，则不过能奉养父母罢了；守信像尾生高那样，只是不骗人罢了；廉正如鲍焦、史鳝，也不过是不会偷别人的东西罢了。现在我是个追求进取的人，我觉得廉不可能使人显贵，义不能使人生存。仁、义是自我完善的理论，不是进取的手段。』

原文

王曰：『自忧不足乎？』对曰：『以自忧为足，则秦不出殽塞，齐不出营丘，楚不出疏章①。三王代位，五伯改政，皆以不自忧故也。若自忧而足，则臣亦之周负笼②耳，何为烦大王之廷耶？昔者楚取章武，诸侯北面而朝；秦取西山③，诸侯西面而朝。曩者使燕毋去周室之上④，则诸侯不为别驾而朝矣。臣闻之，善为事者，先量其国之大小，而揆⑤其兵之强弱，故功可成，而名可立也；不能为事者，不先量其国之大小，不揆其兵之强弱，故功不可成而名不可立也。今王有东嚮伐齐之心，而愚臣知之。』

注释

①疏章：水名，即沮章河，流经河北省，在江陵入长江。②之周负笼：回到周地老家去种地。笼：装土的工具。③西山：山名，在河南洛阳市附近。④周室之上：即周朝的上地。⑤揆：揣度，度量。

译文

燕王说：『自我完善不就够了吗？』苏代回答说：『如是认为自我完善就够了的话，那么秦国的军队就不会出到崤山的边塞之外，齐国的军队不会出到营丘之外，楚国的军队不会出过沮章河。三王的更替，五霸的接连称雄，都是因为不满足于自我完善的缘故。如果只满足于自我完善，那么我也只是回到周朝的土地上去种地罢了，为什么还要在大王的朝堂上啰嗦呢？从前，楚国攻占章武，各国诸侯都到北面去朝拜；秦国攻占了西山，各国诸侯都到西面去朝拜。如果当初没有让燕国从周朝的上地撤离，那么诸侯就不用调转车辆去朝拜别的国家了。我听说，善于处理国事的人，先估算

自己国家的大小，再揣度自己兵力的强弱，这样就才可以功成名立。不善于处理国事的人，之前不估算自己国家的大小，不揣度自己兵力的强弱，这样就不能功成名立。现在大王您有向东讨伐齐国的想法，我可以看得出来。』

原文

王曰：『子何以知之？』对曰：『矜戟砥剑[1]，登丘东向而叹，是以愚臣知之。今夫乌获[2]举千钧之重，行年八十，而求扶持。故齐虽强国也，西劳于宋，南罢于楚，则齐军可败，而河间可取。』

燕王曰：『善。吾请拜子为上卿，奉子车百乘，子以此为寡人东游于齐，何如？』对曰：『足下以爱之故与，则何不与爱子与诸舅、叔父、负床之孙[3]？不得，而乃以与无能之臣，何也？王之论臣，何如人哉？今臣之所以事足下者，忠信也，恐以忠信之故见罪于左右。』

注释

①矜：持。砥：磨刀石，这里指磨剑。②乌获：齐武王时的勇士。③负床之孙：指年纪小只能扶着床，不会走路的小孙子。

译文

燕王说：『你是怎么看出来的？』苏代回答说：『您总是手握着戟或者磨砺宝剑，登上山丘向东叹息，所以我猜到您是想要攻打齐国。打个比方说，乌获是有名的勇士，能举得起千钧重的东西，等他到了八十，也会站立不住，要人扶持。同样地，齐国虽然是个大国，但是在西边因为宋国而劳累，在南边因为楚国而疲惫，那么齐国是可以打败的，而河间这块地方也是可以取得的。』

燕王说：『太好了。我想要让您担任上卿，给您准备一百乘车，您用这些为我到东边的齐国离间游说，怎么样？』苏代回答说：『大王因为偏爱才赏赐东西，那何不把这些东西赏给您疼爱的儿子和您的各位舅父叔叔以及那靠床站着还不会走路的孙子呢？他们得不到这些东西，而把这些东西赏我这个没有什么能力的人，这是为什么呢？大王您看我，到底是什么样的人呢？我之所以侍奉大王，为的是忠信，我很担心因为我的忠信而被大王左右亲近的人所怪罪。』

原文

王曰：『安有为人臣尽其力，竭其能，而得罪者乎？』对曰：『臣请为王譬。昔周之上地尝有之。其丈夫官三年不归，其妻爱[①]人。其所爱者曰：「子之丈夫来，则且奈何乎？」其妻曰：「勿忧也，吾已为药酒而待其来矣。」已而其丈夫果来，于是因令其妾酌药酒而进之。其妾知之，半道而立。虑曰：「吾以此饮吾主父，则杀吾主父；以此事告吾主父，则逐主母。与杀吾主父、逐吾主母者，宁佯踬[②]而覆之。」于是因佯僵而仆之。其妻曰：「为子远行来之，故为美酒，今妾奉而仆之。」其丈夫不知，缚其妾而笞之。故妾所以笞者，忠信也。今臣为足下使于齐，恐忠信不谕于左右也。臣闻之曰：「万乘之主，不制于人臣；十乘之家，不制于众人；匹夫徒步之士，不制于妻妾。」而又况于当世之贤主乎？臣请行矣，愿足下之无制于群臣也。』

注释

①爱：私通。②踬：跌倒。

燕王说：『哪有作为人家的臣子用尽自己的力量、竭尽自己的才能，反而获罪的。』苏代回答说：『我给大王说一个比喻吧。从前周朝的上地曾经有这样的事。有一家的丈夫出外做官三年没有回来，他的妻子和别人私通。私通的那人对他的妻子说：「你的丈夫回来了，咱们可怎么办？」他的妻子说：「不用担心，我已经准备了毒酒，等他回来就毒死他。」没多久，他丈夫果然回来了，他的妻子于是让侍妾倒了毒酒给他送去。侍妾知道其中缘由，走到半路停下来考虑说：「我把这个毒酒拿给男主人喝，就会是毒死男主人；把这件事告诉男主人，那么女主人就会被赶出家门。比起毒死男主人或者将女主人赶出家门，我还是假装跌倒把酒泼了吧。」于是她假装跌倒，把酒泼了。妻子对他的丈夫说：「我想到你走了那么远的路回来，所以特地准备了美酒，如今让侍妾送过来，她却跌倒把酒泼了。」他的丈夫不知道实情，把侍妾绑起来鞭打。所以说，这个侍妾之所以被鞭打，是因为尽忠守信。现在，我为大王出使齐国，恐怕我的尽忠守信不能被大王亲近的人所理解。我听说：「拥有万乘的君主，不会被臣子所左右；拥有十乘的家长，不会被众人左右；一般的没有车的士，不会被妻妾所左右。」更何况是当今世上英明的君王呢？我这就准备出发了，希望大王不要被手下的臣子左右。』

秦召燕王

原文

秦召燕王，燕王欲往。苏代[①]约[②]燕王曰：『楚得枳[③]而国亡，齐得宋而国亡，齐、楚不得以有枳、宋事秦者，何也？是则有功者，秦之深雠[④]也。秦取天下，非行义也，暴也。

注释

①苏代：苏秦的弟弟，一说是苏秦的兄长。②约：劝阻。③枳：地名，位于今四川涪陵。④雠：仇恨。

译文

秦王邀请燕王前去会晤，燕王准备前去。苏代阻止了燕王，他说：『楚国虽然得到了枳最终却亡国，齐国吞并了宋国最后却落得国君逃亡的境地。齐楚两国并没有因为占领了枳消灭了宋就能够得到秦王的欢心，为什么呢？这是因为秦王这个人最痛恨有功劳的人。秦国争霸天下靠的不是推行仁义道德，而是实施暴政。

原文

『秦之行暴于天下，正告楚曰：「蜀地之甲，轻舟浮于汶[①]，乘夏水而下江，五日而至郢。汉中之甲，乘舟出于巴[②]，乘夏水而下汉，四日而至五渚。寡人积甲宛，东下随，知者不及谋，勇者不及怒，寡人如射隼[③]矣。王乃待天下之攻函谷，不亦远乎？」楚王为是之故，十七年事秦。

注释

①汶：汶水，即岷江。②巴：指大巴山，位于今天陕西郑县西南方向。③射隼：比喻非常容易就能实现。

译文

『秦国在天下公然实施暴政，秦王公开对楚王说：「蜀地的士兵在岷江乘着轻快的小船，在夏天趁着长江水上涨的时候顺流而下，五天就可以到达楚国的都城。汉中的士兵从大巴山乘船出发，也在夏天水涨的时候顺流而下，四天就可以到达五渚。本王把军队集结在宛，向着东面的随进发，聪明的人还来不及思考，勇敢的人还来不及发怒，我就像射箭一样很快到达目的地了。可如今楚王您却等着诸侯国的军队去攻打函谷，这难道不是太远了么？」楚王听了这些话，十七年来一直依附秦国。

原文

『秦正告韩曰：「我起乎少曲①，一日而断太行。我起乎宜阳而触平阳，二日而莫不尽繇。我离②两周而触郑③，五日而国举。」韩氏以为然，故事秦。秦正告魏曰：「我举安邑，塞女戟，韩氏太行④卷⑤。我下枳道，南阳、封、冀，包两周，乘夏水，浮轻舟，强弩在前，铦戈在后，决荥口，魏无大梁；决白马之口，魏无济阳；决宿胥之口，魏无虚、顿丘。陆攻则击河内，水攻则灭大梁。」魏氏以为然，故事秦。

注释

①少曲：地名，位于今河南孟州。②离：指途经，经过。③郑：地名，位于今河南新郑，韩国的都

城。④太行：太行山。⑤卷：包围，围困。

译文

「秦国公开对韩王说：「我的大军从少曲出发，一天就能截断太行；从宜阳起兵到达平阳，两天就可以全部攻陷；从两周之地前往郑，五天就能全部占领。」韩王听了之后就侍奉秦王。秦王公开对魏王说：「我拿下安邑，挡住女戟的交通要道，韩国在太行山的交通就会被阻绝。我顺着枳道，南阳、封、冀一路打下去，包围两周，趁着夏天江水上涨，驾着轻快的战船，用强弩开路，锐利的战戈殿后，挖开荥阳口，魏国就要失去都城；挖开白马口，魏国就要失去济阳；挖开宿胥口，魏国就会失去无虚、顿丘。从陆路进攻就可以攻打河内，从水路进攻就能拿下大梁。」魏国认为秦王说得很对，所以就侍奉秦国。

原文

「秦欲攻安邑，恐齐救之，则以宋委于齐，曰：「宋王无道，为木人以写寡人，射其面，寡人地绝兵远，不能攻也，王苟能破宋有之，寡人如自得之。」已得安邑，塞女戟，因以破宋为齐罪。

译文

「秦国想要进攻安邑，害怕齐国前来援救，便把宋国送给齐国，秦王说：「宋王昏庸无道，用我的样子雕刻一个木头人，还用箭射我的脸。我国离宋国太远了，调兵遣将很不方便，如果您能够打下并占有宋国，就跟我占有宋国一样了。」秦攻下安邑以后，堵住女戟的交通要道，还把消灭宋国的罪名安到了齐国的头上。

原文

「秦欲攻齐，恐天下救之，则以齐委于天下曰：「齐王四与寡人约，四欺寡人，必率天下以攻寡人者三。有齐无秦，无齐有秦，必伐之，必亡之！」已得宜阳、少曲，致蔺、石，因以破齐为天下罪。

译文

「秦王想要攻打齐国，害怕诸侯国前来援救，就把齐王的罪名公布天下，秦王对诸侯说：「齐王四次和我定下盟约，又四次欺骗了我，而且有三次带领诸侯国来进攻我。这次有他没我，有我没他，我一定要讨伐齐国，消灭齐国！」秦国攻下宜阳、少曲后，又得到了蔺和石，于是就说攻破齐国是天下诸侯的罪过。

原文

「秦欲攻魏，重楚，则以南阳委于楚曰：「寡人国与韩且绝矣！残均陵，塞鄳隘[1]，苟利于楚，寡人如自有之。」魏弃与国而合于秦，因以塞鄳隘为楚罪。兵困于林中，重燕、赵，以胶东委于燕，以济西委于赵。赵得讲于魏，至公子延，因犀首属行而攻赵。兵伤于离石，遇败于马陵，而重魏，则以叶、蔡委于魏。已得讲于赵，则劫魏魏不为割。困则使太后、穰侯为和，嬴则兼欺舅与母。

注释

①鄳邱隘：关塞名，位于今河南信阳南面。

译文

「秦国想要攻打魏国，担心楚国前来救援，就把南阳送给了楚国，秦王对楚王说：「我国想要和

韩国断绝关系了！这次拿下韩国的均陵，封锁他们的交通要道鄳隘，只要能够对楚国有利，就跟对我自己有利一样了。」魏国后来抛弃了其他盟国而依附于秦国，秦反而把封锁鄳隘的罪名安在了楚国的头上。秦国军队被困在林中，担心燕国赵国趁火打劫，就把胶东送给了燕国，济西送给了赵国。之后和魏国和解，并且把公子延送去当人质，让魏国大将犀首带兵攻打赵国。在离石和马陵战败之后，秦王担心魏王反复，就把叶和蔡送给了魏国。而后和赵国讲和，以此要挟魏国，不把许诺的土地送出。遭遇困境的时候就让太后和穰侯前去讲和，胜利时就盛气凌人的欺压舅与母。

原文

『适[1]燕者曰：「以胶东。」适赵者曰：「以济西。」适魏者曰：「以叶、蔡。」适楚者曰：「以塞鄳隘。」适齐者曰：「以宋。」此必令其言如循环，用兵如刺蜚[2]绣，母不能制，舅不能约。龙贾之战，岸门之战，封陆之战，高商之战，赵庄之战，秦之所杀三晋之民数百万，今其生者，皆死秦之孤也。西河之外、上雒之地、三川，晋国之祸，三晋之半。秦祸如此其大，而燕、赵之秦者，皆以争事秦说其主，此臣之所大患。』

注释

①适：通『谪』，责备。②蜚：通『飞』，飞虫。

译文

『秦王以胶东为借口怪罪燕王、以济西为借口怪罪赵王、以叶蔡为借口责怪魏国、以封锁鄳隘为理由怪罪楚国，以侵犯宋国为借口怪罪齐国。秦王这么巧言令色，循环往复的怪罪别人，而且秦王善于用兵，母亲和舅舅都制约不了他的野心。经过龙贾、岸门、封陆、高商、赵庄这些地方的战役，秦军杀死赵魏韩三国的军民已经有几百万之多，现在残存下来的人都是那些战死者的遗孤。西河外面、上雒之地和三川都被秦军祸害，魏赵韩三国的土地有一半被秦军占领。秦国引起的祸害这么大，燕赵那些亲近秦国的人还千方百计的讨好秦王，努力说服他们的君王依附秦国，这就是我最担心的事情了。』

燕昭王不行，苏代复重于燕。燕反约诸侯从亲，如苏秦时，或从或不，而天下由此宗苏氏不从约。代、厉[1]皆以寿死，名显诸侯。

注释

①厉：即苏秦的弟弟苏厉。

译文

燕昭王最终决定不去秦国和秦王会晤，而苏代也重新被燕王重用，燕国仍旧和以前一样与诸侯国达成了合纵的联盟，就像苏秦在的时候一样。从此不论是同意合纵还是不赞同，各诸侯国都非常重视苏氏兄弟的合纵理论。苏代苏利都安享晚年，声名在诸侯中极为显赫。

苏代为奉阳君说燕于赵以伐齐

苏代[1]为奉阳君说燕于赵以伐齐，奉阳君不听。乃入齐恶[2]赵，令齐绝于赵。齐已绝于赵，因之燕，

谓昭王曰：『韩为谓臣曰：「人告奉阳君曰：『使齐不信赵者，苏子也；今齐王召蜀子使不伐宋，苏子也；与齐王谋道取秦以谋赵者，苏子也；令齐守赵之质子以甲者，又苏子也。』请告子以请，齐果以守赵之质子以甲，吾必守子以甲。」其言恶矣。虽然，王勿患也。臣故知入齐之有赵累也，出为之以成所欲，臣死而齐大恶于赵，臣犹生也。令齐、赵绝，可大纷已。持臣非张孟谈[3]也，使臣也如张孟谈也，齐、赵必有为智伯者矣。』

注释

①苏代：苏秦的弟弟，一说是苏秦的兄长。②恶：诋毁。③张孟谈：赵襄子时的名臣。

译文

苏代为了帮助燕国去游说赵国的奉阳君，希望能够联合起来去进攻齐国，奉阳君没有采纳苏秦的建议。于是苏代到了齐国说赵国的坏话，让齐王和赵国断绝关系。齐国和赵国断绝关系以后，苏代回到燕国，对燕昭王说：『韩为对我说：「有人给奉阳君出主意，说是让齐国不信任赵国的正是苏代；让齐王召回蜀子不去攻打宋国，还是苏代；让齐王争取秦国的帮助来共同攻打赵国的，还是苏代；让齐王派出武装军队控制赵国人质的，又是苏代。实话告诉您，如果齐国真的派出武装人员控制人质的话，我一定会这样对您的。」他说的话虽然难听，但是大王不要替我担心。虽然我知道这次去齐国，赵国在背后诋毁，但为了完成大王的心愿我还是会义无反顾的去。如果我死后齐国和赵国关系变坏，那我也算是死得其所了。如果让齐国赵国断绝关系的话，就会让局势大乱。可惜我不是赵国以前的大臣张孟谈，如果我也像他一样有智谋的话，齐国赵国中的一个必然会像智伯一样灭亡。』

孔子 伟大的思想家、教育家。其思想以『仁』为核心，主张实行『仁政』，关心民生疾苦，希望统治者以仁义之心待民。

原文

『奉阳君告朱讙与赵足曰：「齐王使共王曰令说曰：『必不反韩珉』，今召之矣。『必不任苏子以事』，今封而相之。『令不合燕』，今以燕为上交。吾所恃者顺[1]也，今其言变有甚于其父。顺始与苏子为雠[2]，见之知无厉，今贤之两之，已矣，吾无齐矣！」

注释

①顺：齐国的公子顺。②雠：仇敌。

译文

『奉阳君告诉朱讙和赵足说：「齐王派人命令我说：『一定不要让韩珉回来』，可如今却让韩珉回来了。『一定不要让苏秦参与政务』，可如今却让苏秦做他的相国。『一定不要联合燕国』，现在齐国却和燕国成了非常好的联盟。我能靠的是齐国的公子顺，可现在他说的话也变了，这个人说话的前后不一比他的父亲还要过分。顺当初和苏秦关系是仇敌，别人一眼就能看出两个人不和，可现在他却那么尊敬苏秦，还送给苏秦战车。这下完了，我失去齐国的帮助了。」

原文

『奉阳君之怒甚矣。如齐王之不信赵，而小人奉阳君也，因是而倍[①]之。不以今时大纷之，解而复合，则后不可奈何也。故齐、赵之合苟可循也，死不足以为臣患，逃不足以为臣耻，为诸侯不足以为臣荣，被发自漆为厉不足以为臣辱。然而臣有患也，臣死而齐、赵不循，恶交分于臣也，而后相效，是臣之患也。若臣死而必相攻也，臣必勉之而求死焉。尧、舜之贤而死，禹、汤之知而死，孟贲[②]之勇而死，乌获[③]之力而死，生之物固有不死者乎？在必然之物，以成所欲，王何疑焉？

注释

①倍：通『背』，背弃。②孟贲：古时的勇士。③乌获：古时的大力士。

译文

『奉阳君非常恼怒，如果齐王不信任赵国，奉阳君这个小人，就会因此背离齐国。如果不趁着齐赵两国现在不和而起兵攻打齐国，一旦等到两国重新恢复关系，后悔就来不急了。所以如果齐赵两国恢复邦交，我不会因面临死亡而担心，不会因为逃亡感到羞愧，即使能成为诸侯也不会以此为荣，即便披头散发全身涂漆也不会感到耻辱。然而我的担忧是，一旦我死后齐国赵国和好如初，就会把使齐国赵国关系变坏的罪名安到我的头上，而燕国也会效仿齐赵，把罪名强加给我，这才是我真正担心的事。如果我死后，齐赵两国相互进攻，我会很高兴的死去的。即便是贤德的尧舜、充满智慧的大禹商汤、还是勇冠三军的孟贲、力盖天下的乌获，最终都难免一死，一切有生命的物体哪个能逃避死亡呢？死是一定会到来的事情，我愿意以死来完成大王的心愿，大王您还有什么可猜疑的呢？

原文

『臣以为不若逃而去之。臣以韩、魏循自齐，而为之取秦，深结赵以劲之，如是则近于相攻，臣虽为之累燕？奉阳君告朱讙曰：「苏子怒于燕王之不以吾故弗予相又不予卿也，殆无燕矣。」其疑至于此，故臣虽为之不累燕，又不欲王。伊尹再逃汤而之桀，再逃桀而之汤，果与鸣条之战，而以汤为天子。伍子胥逃楚而之吴，果与伯举之战，而报其父之雠。今臣逃而纷齐、赵，始可著于《春秋》。且举大事者孰不逃？桓公之难，管仲逃于鲁；阳虎之难，孔子逃于卫；张仪逃于楚；白珪逃于秦；望诸相中山也使赵，赵劫之求地，望诸攻关而出逃；外孙之难，薛公释戴逃出于关，三晋①称以为士。故举大事，逃不足以为辱矣。』

注释

①三晋：指韩、赵、魏三国。

译文

『我认为，不如逃离燕国。我带着韩魏两国来帮助齐国，表示愿意帮齐王成就霸业，同时联合秦国、结交赵国来加强韩国魏国的力量，这样就可以让他们形成势均力敌互相进攻彼此牵制的局面。我虽然这样安排了，却又怕连累到燕国。奉阳君对朱讙曰：「苏秦因为燕王用我而恼怒，如果我现在不让苏秦任相，也不让他当客卿的话，我差不多就要失去燕国了。」奉阳君这么猜忌别人，所以我这样的计谋既不连累到燕国也不会玷污大王的名誉。伊尹多次逃离成汤，跑到夏桀那里，又多次逃离夏桀那里，投奔成汤，最后和夏桀在鸣条之野大战，拥立成汤做了天子；伍子胥逃离楚国，跑到了吴国，最后帮助吴王阖庐与楚昭王在柏举展开大战，最终攻进楚国都城，为父亲报了仇。现在我逃离燕国，大乱齐国赵国之间的关系，这样的行为也是可以载入史册的。而且做大事的人哪一个没有逃跑过？齐桓公遭遇危难时，管仲逃到了鲁国；阳虎遇到困难的时候，孔子逃到了卫国；张仪逃到了楚国；白珪逃到了秦国；望诸君在中山任相的时候，出使赵国，赵国挟持他做人质，要求中山割地，望诸君突破封锁逃了出去；外孙之难的时候，薛公扔下车子，逃出关卡，赵、魏、韩三国的人都称赞他是明白事理的人。所以说成就大事的人，从不把逃亡当成是耻辱。』

原文

卒绝[①]齐于赵，赵合于燕以攻齐，败之。

注释

①绝：绝交。

译文

苏秦最终让齐国与赵国断绝了关系。赵国和燕国的军队联合起来，终于打败了齐国。

昌国君乐毅为燕昭王合五国之兵而攻齐

原文

昌国君乐毅[①]为燕昭王合五国[②]之兵而攻齐，下[③]七十余城，尽郡县之以属燕。三城未下，而燕昭王死。惠王即位，用[④]齐人反间，疑乐毅，而使骑劫[⑤]代之将。乐毅奔赵，赵封以为望诸君。齐田

单欺诈骑劫，卒败燕军，复收七十城以复齐。燕王悔，惧赵用乐毅承燕之弊[6]以伐燕。

注释

①昌国君乐毅：中山国人，在燕国拜为上将军，来辅佐燕昭王振兴燕国，战功显赫，报了之前齐国攻打燕燕国之仇。②五国：秦、韩、魏、赵、魏。③下：攻下，攻取。④用：听信。⑤骑劫：燕国之臣。⑥弊：疲惫，疲弊。

译文

昌国君乐毅为燕昭王联合五国军队攻打齐国，攻下七十多座城邑，把这些城邑全部划为郡县归属于燕国。只剩下莒和即墨两个城邑没有攻下，燕昭王就死了。燕惠王即位以后，因为听信了齐国的反间计，怀疑乐毅，就派骑劫代替乐毅为将领。乐毅逃奔到赵国，赵国封他为望诸君。齐国大将田单设计诓骗骑劫，最终打败了燕军，收复了七十多个城邑，恢复了齐国。燕惠王很后悔，害怕赵国任用乐毅趁燕国疲惫的时候来攻打燕国。

原文

燕王乃使人让[1]乐毅，且谢之曰：『先王举国而委将军，将军为燕破齐，报先王之雠，天下莫不振动，寡人岂敢一日而忘将军之功哉！会先王弃群臣，寡人新即位，左右误寡人。寡人之使骑劫代将军者，为将军久暴露于外，故召将军且休计事。将军过听，以与寡人有隙[2]，遂捐燕而归赵。将军自为计则可矣，而亦何以报先王之所以遇将军之意乎？』

注释

①让：责备，指责。②隙：嫌隙。

译文

燕惠王就派人去责怪乐毅，并向乐毅表示歉意说：『先王把整个国家托付给将军，将军为燕国打败了齐国，替先王报了仇，天下人无不为之震动，我怎么敢有一天忘记将军的功劳呢？适逢先王离开了人世，我刚刚即位，身边的大臣迷误了我，我派骑劫代替将军，是因为将军长期在外奔走辛劳，所以召将军回来，暂且休整一下，以便共议国家大事。将军错误地听信了流言，因而和我产生了嫌隙，就丢下燕国归附了赵国。将军如为自己打算倒是可以的，可将军拿什么来报答先王对待你的情意呢？』

原文

望诸君乃使人献书报燕王曰：『臣不佞，不能奉承先王之教，以顺左右之心，恐抵斧质之罪，以伤先王之明，而又害于足下之义，故循逃奔赵。自负以不肖之罪，故不敢为辞说。今王使使者数之罪，臣恐侍御者之不察先王之所以畜①幸臣之理，而又不白于臣之所以事先王之心，故敢以书对。

注释

①畜：指畜养，养育。

译文

望诸君乐毅就派人呈献一封书信答复燕惠王说：『我没有才能，不能遵照先王的教诲来顺承大王的心意。我担心遭受杀身之祸，这样既损害了先王用人的英明，又使大王蒙受不义的名声，所以

我才逃到赵国。我自己背着不贤的罪名，所以不敢有什么辩解，现在大王派使者来列举我的罪过，我担心大王不能明察先王任用爱护我的理由，又不明白我用来侍奉先王的心迹，所以才大胆地写这封信来作答。

『臣闻贤圣之君，不以禄私其亲，功多者授之；不以官随其爱，能当之者处之。故察能而授官者，成功之君也；论行而结交者，立名之士也。臣以所学者观之，先王之举错，有高世之心，故假节于魏王[1]，而以身得察于燕。先王过举，擢[2]之乎宾客之中，而离之乎群臣之上，不谋于父兄，而使臣为亚卿。臣自以为奉令承教，可以幸无罪矣，故受命而不辞。

注释

①假节于魏王：指假借着作为魏王使节出使的机会。节，作为使节。②擢：擢升，提拔。

译文

『我听说贤惠圣明的君王，不把俸禄私自给他所亲近的人，而是赐给功劳大的人；不把官职授予他所宠爱的人，而是安置有才能的人。所以，通过考察人的能力来授予相应的官职，这才是能够成就功业的君王；能够衡量一个人的德行然后和他结交，这才是能建立名望的人。我用所学到的知识来观察，先王的行为有高出当世一般国君的见识，所以我借着为魏王出使的机会，而得以使自己能被先王所知晓，先王过分地重用我，把我从宾客中选拔出来，官职在群臣之上，不和宗室大臣商量，就任命我为亚卿。我自以为遵从命令接受教诲，就可以幸免犯错误了，所以就接受了任命而没有推辞。

原文

『先王命之曰：「我有积怨深怒于齐，不量轻弱，而欲以齐为事。」臣对曰：「夫齐霸国之余教也，而骤胜之遗事也，闲于兵甲，习于战攻。王若欲攻之，则必举天下而图之。举天下而图之，莫径于结赵矣。且又淮北、宋地，楚、魏之所同愿也。赵若许，约楚、魏，宋尽力，四国攻之，齐可大破也。」先王曰：「善。」臣乃口受令，具[①]符节，南使臣于赵。顾反命，起兵随而攻齐。以天之道，先王之灵，河北之地，随先王举而有之于济[②]上。济上之军，奉令击齐，大胜之。轻卒锐兵，长驱至国[③]。

注释

①具：拿着。②济：即济水。③国：国度。

译文

『先王任命我说：「我对齐国有深仇大恨，不顾国力弱小，也要向齐国报仇。」我回答说：「齐国有先代称霸的遗教，和多次取胜的遗业，精通军事、熟悉作战。大王如果想攻打齐国，就一定要联合天下的诸侯共同对付它。要联合天下诸侯来对付齐国，最便捷的就是先和赵国结交。再说，齐国占有的淮北和宋国故地，这是楚国和魏国想要得到的。赵国如果答应和燕国联合，楚国和魏国也会尽力相助，四国联合攻齐，就可以大败齐国。」先王说：「好。」于是亲口授命，准备好符节，让我出使到南边的赵国。待我回报以后，各国随即起兵攻齐。凭靠上天的辅助和先王的神灵，河北之地全部被先王所占有。济水边上军队奉命进击齐军，获得全胜。燕国轻便精锐的部队又长驱直入，一直打到齐国的都城。

原文

『齐王逃遁走莒[①]，仅以身免。珠玉财宝，车甲珍器，尽收入燕。大吕[②]陈于元英[③]，故鼎反于历室[④]，齐器设于宁台。蓟丘[⑤]之植，植于汶篁[⑥]。自五伯以来，功未有及先王者也。先王以为惬其志，以臣为不顿命，故裂地而封之，使之得比乎小国诸侯。臣不佞，自以为奉令承教，可以幸无罪矣，故受命而弗辞。

注释

①莒：地名，今天山东莒县。②大吕：乐器名，即钟。③元英：宫殿名，即元英宫。④历室：宫殿名，历室宫。⑤蓟丘：燕国的都城，位于今北京。⑥汶篁：汶水的竹园。

译文

『齐闵王逃到莒地，仅免于一死。齐国的珠玉财宝、车马铠甲、珍贵器物，全部运到燕国。大吕乐钟陈列在元英殿，燕国的大鼎又回到了历室宫，齐国的宝器安置到燕国的宁台，蓟丘的植物移植到齐国汶水的竹园。从春秋五霸以来，没有一个人的功业能赶得上先王。先王认为满足了心愿，认为我不负君命，所以就划分一块土地封赏我，使我的地位等同于小国的诸侯。我没有才能，自认为遵从命令接受教诲就可以幸免犯错误，所以就接受了封地而没有拒绝。

原文

『臣闻贤明之君，功立而不废，故著于《春秋》；蚤知[①]之士，名成而不毁，故称于后世。若先王之报怨雪耻，夷万乘之强国，收八百岁[②]之蓄积，及至弃群臣之日，余令诏后嗣之遗义，执政任事之臣，所以能循法令，顺庶孽[③]者，施及萌隶[④]，皆可以教于后世。

注释

①蚤知：预见。蚤，通"早"。②八百岁：从周武王把齐地分封给吕尚，至乐毅攻占齐国，一共八百年左右的时间。③庶孽：非正妻所生的孩子。④萌隶：下层百姓。

译文

"我听说贤明的君王，建树功业不半途而废，才能名垂史册；有先见之明的人，获得名声能保持不败，所以被后人所称颂。像先王这样报仇雪恨，征服了拥有万辆兵车的齐国，收取了它们八百多年的积蓄，等到他离开人世的时候，遗教尚不衰败，使执政任职的臣子能遵循法令，谨慎地对待王族子孙，恩泽施及到下层百姓，所有这些都可以教育后世。

原文

"臣闻善作者，不必善成；善始者，不必善终。昔者伍子胥说听乎阖闾，故吴王远迹至于郢。夫差弗是也，赐之鸱夷而浮之江[①]。故吴王夫差不悟先论之可以立功，故沉子胥而不悔。子胥不蚤见主之不同量，故入江而不改。夫免身全功，以明先王之迹者，臣之上计也。离[②]毁辱之非，堕[③]先王之名者，臣之所大恐也。临不测之罪，以幸为利者，义之所不敢出也。

注释

①赐之鸱夷而浮之江：夫差莅政以后，主张伐齐，伍子胥劝阻，夫差把伍子胥杀害了，并把他的尸体装到皮囊里扔到江中。鸱夷，皮囊。②离：通"罹"，遭受，经受。③堕：通"隳"，毁坏，破坏。

译文

『我听说，善于开创的不一定善于完成，有好的开始未必有好的结局。从前，伍子胥的意见被吴王阖闾所接受，所以吴王的足迹能到达楚国的郢都；吴王夫差对伍子胥的意见不以为然，赐死伍子胥，装在皮口袋里，投入江中。原来，吴王夫差不明白伍子胥先前的主张可以为吴国建立功业，所以把伍子胥沉入江中也不后悔；伍子胥不能及早看到阖闾和夫差的不同，所以至死也不改变。能免于一死，保全功名，以彰明先王的业绩，这是我的上策；自身遭受诋毁侮辱，因而毁坏先王的名声，这是我最担心的。面对不可估量的大罪，还企图和赵国图谋燕国以求取私利，从道义上讲，这是我所不能做的。

原文

『臣闻古之君子，交绝不出恶声；忠臣之去也，不洁其名。臣虽不佞①，数②奉教于君子矣。恐侍御者之亲左右之说，而不察疏远之行也。故敢以书报，唯君之留意焉。』

注释

①不佞：不才。②数：屡次

『我听说，古代的君子，在交情断绝时也不说对方的坏话；忠臣离开本国时，也不为自己的名节辩白。我虽然不才，但经常接受君子的教诲。我担心大王听信左右人的话，而不体察我这个被疏远的人的行为。所以我斗胆以书信作答，希望大王留心注意。』

或献书燕王

原文

或献书燕王：『王而不能自恃①，不恶卑名以事强，事强可以令国安长久，万世之善计。以事强而不可以为万世，则不如合弱。将奈何合弱而不能如一？此臣之所为山东②苦也。

注释

①恃：倚仗。②山东：崤山以东。

译文

有个人给燕王上书说：『大王如果不能够倚仗自己的力量，那就不要厌恶卑下的名声去侍奉强国，因为依附强国可以让您的国家长治久安，这是长久之计。但是如果依附强国却不能永保您的国家的话，还不如跟弱国联合起来。但如果弱国虽然联合却不能同心协力，该怎么办呢？这就是我替崤山以东诸侯国担心的地方啊。』

原文

『比目之鱼，不相得则不能行，故古之人称之，以其合两而如一也。今山东合弱而不能如一，是山东之知不如鱼也。又譬如车士之引车①也，三人不能行，索二人，五人而车因行矣。今山东三国弱而不能敌秦，索二国因能胜秦矣。然而山东不知相索②，智固不如车士矣。胡与越人言语不相知，志意不相通，同舟而凌波，至其相救助如一也。今山东之相与也，如同舟而济，秦之兵至，不能相救助如一，智又不如胡、越之人矣，三物者，人之所能为也，山东之主遂不悟，此臣之所为山东苦也。愿大王之

熟虑之也。

注释

①引车：拉车。②相索：相互帮助。

『比目鱼如果不在一起相互配合就不能行动，所以古人给了它们比目鱼的称谓，正是因为两个比目鱼合在一起就跟一条鱼一样，而山东诸侯国的见识还不如比目鱼啊。再比如说几个车夫拉车，三个人不一起用力的话，车子无法行走，但如果两个人或者五个人齐心协力朝一个方向用力，就能让车子顺利前行。现在山东诸侯国的军事力量薄弱，任何一个国家都不能抵挡秦国，但如果两个国家联合起来，就能够战胜秦。可是山东各诸侯国却不知道不想帮助，还不如拉车的车夫有智慧。胡人越人语言不同，思想理念信仰都不太一样，但他们却能同舟共济，但遇到危险的时候互相救助，就像一个人那样。如今山东诸侯国互相联合，当秦兵打来的时候不能齐心协力，还不如胡人越人有智慧。这三件事人们都能明白，诸侯国的君主却不明白，这正是我替你们担心的地方。希望大王能够仔细考虑。

原文

『山东相合，之主者不卑名，之国者可长存，之卒者出士以戍韩、梁之西边，此燕之上计也。不急为此，国必危矣，主必大忧。今韩、梁、赵三国以合矣，秦见三晋[1]之坚也，必南伐楚。赵见秦之伐楚也，必北攻燕。物固有势异而患同者。秦久伐韩，故中山亡；今久伐楚，燕必亡。臣窃为王计，不

如以兵南合三晋，约戍韩、梁之西边。山东不能坚为此，此必皆亡。』燕果以兵南合三晋也。

注释

①三晋：即韩、赵、魏。

译文

『山东各诸侯国联合，君主的名声并没有丝毫减弱，国家还可以长治久安，他们的士兵可以驻扎在韩国梁国的西边边境，来防卫秦国的大军，这正是燕国应该采取的上策。如果不尽快这么做，您的国家一定会陷入危险境地，大王您一定会有大患。如今韩国梁国赵国三个国家已经联合起来，秦国看到他们这么团结，一定会转而向南进攻楚国。赵国看到秦国去进攻出国，一定会向北去进攻燕国。形势不同但带来的灾难是一样的。秦国长期攻打韩国，结果使得中山国被赵国灭亡；如果如今秦国长期攻打楚国，燕国一定会被消灭。我暗地里替大王您考虑，不如和韩国赵国魏国联合起来，和他们一起驻守在韩国魏国的西边去防备秦国的大军。如果山东各诸侯国不能够这样坚守的话，最终一定会被秦国各个击破。』燕王最终和韩赵魏三国达成了军事同盟。

赵且伐燕

原文

赵且伐燕，苏代为燕王谓惠王曰：『今者臣来，过易水，蚌[①]方出曝，而鹬[②]啄其肉，蚌合而钳[③]其喙。鹬曰：「今日不雨，明日不雨，即有死蚌。」蚌亦谓鹬曰：「今日不出，明日不出，即有死

鹬。』两者不肯相舍，渔者得而并禽④之。今赵且伐燕，燕、赵久相支以弊大众，臣恐强秦之为渔父也。故愿王之熟计之也。』惠王曰：『善。』乃止。

注释

①蚌：河蚌。②鹬：一种水鸟，嘴又尖又长，主要以小鱼等为食。③钳：钳住，夹住。④禽：通『擒』，擒获。

译文

赵国想去攻打燕国，苏代帮助燕王对赵惠文王说：『这次我前来赵国的时候，路过易水，刚好看到一只河蚌出来晒太阳，有个鹬鸟咬住了河蚌的肉，而河蚌则夹住了这个鹬鸟的嘴巴。』鹬鸟说：『我今天不松口，明天也不松口，你就成个死蚌了。』河蚌也对鹬鸟说：『我今天不让你的嘴巴出去，明天还不让，你就成个死鸟了。』河蚌鹬鸟都不肯首先放掉对方，这时来了个渔翁，轻而易举就把两个家伙都抓走了。现如今您想要攻打燕国，燕赵两国长久相持不下，只会让百姓疲劳困顿，我害怕强大的秦国就会成为这个「渔翁」了。希望大王能够自己考虑清楚啊！』赵惠文王说：『你说的对。』就放弃了攻打燕国的想法。

燕王喜使栗腹以百金为赵孝成王寿

原文

燕王喜使栗腹[1]以百金为赵孝成王寿[2]，酒三日，反[3]报曰：『赵民其壮者皆死于长平，其孤[4]未壮，可伐也。』王乃召昌国君乐间而问曰：『何如？』对曰：『赵，四达之国也，其民皆习于兵，不可与战。』王曰：『吾以倍攻之，可乎？』曰：『不可。』曰：『以三，可乎？』曰：『不可。』王大怒。左右皆以为赵可伐，遽起六十万以攻赵。令栗腹以四十万攻鄗，使庆秦以二十万攻代。赵使廉颇以八万遇栗腹于鄗，使乐乘以五万遇庆秦于代。燕人大败。乐间入赵。

注释

①栗腹：燕国的相国。②寿：祝寿、祝贺。③反：通『返』，返回。④孤：孤儿。

译文

燕王喜派相国栗腹带黄金百镒去向赵孝称王祝寿，整整喝了三天酒，栗腹回来后对燕王说：『赵国壮年的百姓都已战死在长平，而剩下的小孩子还都没有长大成人，现在正是攻打他们的时候。』于是燕王叫来昌国君乐间问道：『现在去攻打赵国行吗？』乐间答道：『赵国是通达四方的国家，国民都精通军事，不能攻打。』燕王说：『如果我以成倍的兵力讨伐的话，行吗？』乐间说：『不行。』燕王说：『如果我派出三倍于赵国的兵力攻打，行吗？』乐间说：『不可以。』燕王大怒，身边的大臣都认为现在可以去攻打赵国，于是燕王派出六十万大军去进攻赵国，派栗腹领兵四十万去攻打鄗，

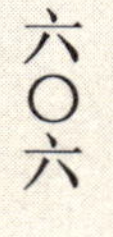

庆秦领兵二十万去进攻代。赵王派出廉颇领兵八万和栗腹大战于鄗地，派乐乘领兵五万在代迎战庆秦。燕国军队大败而归，乐间投奔了赵国。

原文

燕王以书且谢焉，曰：『寡人不佞[①]，不能奉顺君意，故君捐国而去，则寡人之不肖明矣。敢端其愿，而君不肯听，故使使者陈愚意，君试论之。语曰：「仁不轻绝，智不轻怨。」君之于先王也，世之所明知也。寡人望有非则君掩盖之，不虞[②]君之明罪之也；望有过则君教诲之，不虞君之明罪之也。且寡人之罪，国人莫不知，天下莫不闻，君微出明怨以弃寡人，寡人必有罪矣。虽然，恐君之未尽厚也。谚曰：「厚者不毁人以自益也，仁者不危人以要名。」以故掩人之邪[③]者，厚任之行也；救人之过者，仁者之道也。世有掩寡人之邪，救寡人之过，非君心所望之？今君厚受位于先王以成尊，轻弃寡人以快心，则掩邪救过难得于君矣。

注释

①不佞：不才。②不虞：不料，没想到。③邪：错误，过失。

译文

燕王写信谴责乐间并且表示了歉意，他在信里说：『我无德无能，没有听从您的意见，结果让您离开国家去了他乡，这充分表明了我多么无能啊。我想对您说出我的心愿，可怕您不愿意听，所以就先派去使者代我表达我的心思，你先听听看对不对。俗话说：「仁义之士不轻易和他人断绝关系、智慧的人不轻易发出抱怨。」您是怎么对待先王的，所有的人都看得很清楚，我如果有什么过失或者错误的决断，希望您能够包涵体谅，可没想到您却把我的过失公开于天下，还弃国而去。而且我的过失，国内外的人都知道，即使您不公开抱怨并且抛弃我，我的罪过也是不能回避的。但即便这样，您也显得太不厚道了。俗话说：「实在人不通过诋毁他人来抬高自己，仁义的人不通过损害他人的利益来让自己扬名。」所以说不揭穿别人过失的人是厚道人，帮助别人纠正错误的人是仁义之士。这世上能有人帮我遮丑并且挽救过错，难道不是您想看到的么？您曾经被先王厚待获得了显赫的地位，现如今却为了一时痛快而抛弃本王，看来本王想遮丑改错是靠不了你了啊！

『且世有薄于故厚施，行有失而故惠用。今使寡人任不肖之罪，而君有失厚之累，于为君择之也，无所取之。国之有封疆犹家之有垣墙，所以合好掩恶也。室不能相和，出语邻家，未为通计也。怨恶未见而明弃之，未尽厚也。寡人虽不肖乎，未如殷纣之乱也；君虽不得意乎，未如商容、箕子之累也。然则不内盖寡人而明怨于外，恐其适足以伤于高而薄于行也，非然也？苟可以明君之义，成君之高，虽[①]任恶名，不难受也。本欲以为明寡人之薄，而君不得厚；扬寡人之辱，而君不得荣，此一举而两失也。义者不亏人以自益，况伤人以自损乎！愿君无以寡人不肖累往事之美。

①虽：即使。

『再说，虽然有的人对我很不怎么样，我却善待他们；虽然有的人也犯错误，我还是关爱重用他们。

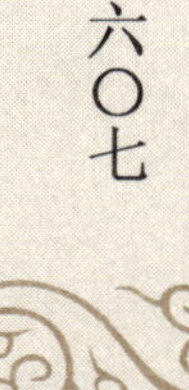

如今这件事让我背上了无能的罪名，您也会被认为不厚道，现在该怎么办还是您自己决定吧，我并没有过多的想法。一个国家的边境就好像一个家庭的院墙一样，是用来增进家庭成员的感情遮掩家丑的。如果家庭内部不和，就把矛盾说出去，让别人都知道，这不是我们常用的办法。怨恨还不是很明显就公然抛弃国家，这实在不能说您尽忠尽责啊。本王虽然无能，可还没有像纣王那样暴虐；您虽然在朝廷上地位不是很高，可也没有像商容、箕子那样遭遇不幸。可是您不但不帮我遮丑反而在外面公开抱怨，这样做只会伤害您高尚的品德操行，您说呢？如果这样做能够成全您的大义，彰显您的高风亮节，我即便是承担不好的名声也能接受。本来是想让表明我的刻薄，可您也不能显得厚道；本是想揭露我的过错，可您也并不光荣，这么做只能损人害己。义气的人不损人利己，更何况损害别人也害了自己呢？希望您不要因为我的无能伤害了您以前的声誉啊。

原文

『昔者，柳下惠①吏于鲁，三黜②而不去。或谓之曰：「可以去。」柳下惠曰：「苟与人之异，恶往而不黜乎？犹且黜乎，宁于故国尔。」柳下惠不以三黜自累，故前业不忘；不以去为心，故远近无议。今寡人之罪，国人未知，而议寡人者遍天下。语曰：「论不修心，议不累物，仁不轻绝，智不简功。」

注释

①柳下惠：春秋时期鲁国的大臣。②黜：废除，罢免。

译文

『从前有个柳下惠，在鲁国做官的时候多次被罢官，可还是不离开鲁国。有人对他说：「你完全可以离开这里啊。」柳下惠说：「如果做人做事和常人不同，在哪里能够不被撤职呢？更何况反正都是撤职，我倒更愿意呆在本国。」柳下惠没有因为多次被罢官就放弃原则，所以人们一直都牢记他以往的功绩；他从来没有想过离开国家，所以从古到今没有人说他的坏话。现在我的过错本国的老百姓还没有知道，就已经被天下人议论纷纷了。俗话说：「良言不违背本心，高论不损害其他人的利益，仁义之士不轻易和他人断绝关系，智者不轻视他人的功劳。」

原文

『弃大功者，辍[①]也；轻绝厚利者，怨也。辍而弃之，怨而累之，宜在远者，不望之乎君也。今以寡人无罪，君岂怨之乎？愿君捐怨，追惟先王，复以教寡人！意[②]君曰，余且慝心以成而过，不顾先王以明而恶，使寡人进不得修功，退不得改过，君之所揣也，唯君图之！此寡人之愚意也。敬以书谒之。』

注释

①辍：放弃，停止。②意：表示推测，也许。

译文

『不理会别人的功绩，就会使人放弃情谊。为了私利轻易和他人断交，就会产生怨恨。因绝情而放弃以前的功绩，因怨恨而自暴自弃，这样的事情我希望发生在和我不亲近的大臣身上，而不是您啊！如果我没有这样的过错，您会怨恨我么？希望您能够不要再怨恨我，就看在先王的份上再来教导我吧。也许您会说，我为了让自己心里舒服宁可不管你的过错，为了表示对你的怨恨宁可不顾先王的厚爱。

这样做使得我进不能建功立业，退不能改正以前的过错，这都由您所决定的，请您深思熟虑！这就是我浅薄的想法，现在给您诚恳的写了这封信，表达我的心意。」

乐间、乐乘怨不用其计，二人卒①留赵，不报。

注释

①卒：最终。

译文

乐间和乐乘怨恨燕王不用他们的计策，两个人最终决定留在了赵国，没有回信。

燕太子丹质于秦亡归

原文

燕太子丹质①于秦，亡②归。见秦且灭六国，兵以③临易水，恐其祸至。太子丹患之，谓其太傅鞠武曰：「燕、秦不两立，愿太傅幸而图之。」武对曰：「秦地遍天下，威胁韩、魏、赵氏，则易水以北④，未有所定也。奈何以见陵⑤之怨，欲排其逆鳞哉？」太子曰：「然则何由？」太傅曰：「请入，图之。」

注释

①质：做人质。②亡：逃亡。③以：通「已」，已经。④易水以北：燕国处于易水的北方，在此实

晏婴

晏婴，山东省高密市人。善于辞令，主张以礼治国。为人生活节俭，谦恭下士，历任齐国三朝君王，辅政长达四十多年，是我国古代杰出的政治家、外交家。

指燕国。⑤陵：通『凌』，欺凌、凌辱。

译文

燕太子丹在秦国做人质，逃回燕国。太子丹一看秦国就要灭亡六国，秦兵已经攻打到易水，亡国惨祸行将降临燕国。太子丹忧心如焚，于是就对自己的太傅鞠武说：『燕秦势不两立，希望太傅能为国家考虑！』鞠武回答说：『秦国土地遍布天下，兵临韩、赵、魏三国之后，易水以北的燕地命运难卜。为什么只因为在秦国做人质时所遭受的一点点小怨恨，就冒极大的危险来激怒秦王呢？』燕太子丹说：『那可怎么办呢？』鞠武说：『请太子进内室，由臣来为太子谋划！』

原文

居之有间①，樊将军亡秦之燕，太子容②之。太傅鞠武谏曰：『不可。夫秦王之暴，而积怨于燕，足为寒心，又况闻樊将军之在乎！是以委肉当饿虎之蹊，祸必不振矣！虽有管、晏③，不能为谋。愿太子急遣樊将军入匈奴以灭口。请西约三晋，南连齐、楚，北讲于单于④，然后乃可图也。』

注释

①间：一会儿。②容：收容。③管、晏：管即管仲，春秋时期的名臣，曾辅佐齐桓公成为霸主；晏即晏婴，春秋后期齐国名臣，辅政长达四十年之久，国家大治。④单于：匈奴的君主。

译文

不久，樊将军从秦国逃亡到燕国，太子丹把他收留下。这时鞠武就进谏说：『不可以收留樊将军，因为秦王政暴虐无道，而且一向很愤恨燕国，听了令人简直胆战心惊，又何况樊将军逃来燕国，岂不是更加仇恨燕国！这就等于把肉放在饿虎通过的路上，那燕国的大祸已经无法挽救，即使管仲、晏婴再世也毫无办法，请太子赶紧让樊将军投奔匈奴，以便消除秦国发兵攻燕的借口。然后往西跟韩、魏、赵结盟，往南跟齐、楚订约，往北跟匈奴讲和，如此才可以抗击秦兵。』

原文

太子丹曰：『太傅之计，旷日弥久，心惛然，恐不能须臾。且非独于此也。夫樊将军困穷于天下，归身于丹，丹终不迫于强秦，二[①]弃所哀怜之交置之匈奴，是丹命固卒之时也。愿太傅更虑之。』

注释

①二：再。

译文

燕太子丹说：『太傅的计划需要很长时间才能实现，但是我现在内心忧愁纷乱已经到了极点，恐怕一刻也不能再等。而且还不只这些，因为樊将军走投无路才来投靠我，我绝对不能因为强秦的威胁，再把我可怜的朋友赶到匈奴，我宁肯因此而结束我的生命，希望太傅再另谋其他计划！』

原文

鞠武曰：『燕有田光先生者，其智深，其勇沉，可与之谋也。』太子曰：『愿因[①]太傅交[②]于田先生，可乎？』鞠武曰：『敬诺[③]。』出见田光，道太子曰：『愿图国事于先生。』田光曰：『敬奉教。』乃造[④]焉。

注释

①因：通过。②交：结交。③敬诺：好吧。敬，表示对对方的尊敬。④造：拜访。

译文

鞠武说：『燕国有一位田光先生，此人智谋深远，个性勇敢刚毅，太子可和他密商一切！』燕太子丹说：『那太傅可不可以帮我介绍和田光先生见面呢？』鞠武说：『没问题。』于是鞠武就去拜访田光，并且介绍太子丹的事说：『太子想要跟先生密商国事。』田光先生说：『愿意遵命效力。』于是鞠武陪着田光去见太子丹。

原文

太子跪而逢迎，却[①]行为道，跪而拂[②]席。田先生坐定，左右无人，太子避席而请曰：『燕、秦不两立，愿先生留意也。』田光曰：『臣闻骐骥盛壮之时，一日而驰千里。至其衰也，驽马先之。今太子闻光壮盛之时，不知吾精已消亡矣。虽然，光不敢以乏国事也。所善荆轲[③]，可使也。』太子曰：『愿因先生得愿交于荆轲，可乎？』田光曰：『敬诺。』

注释

①却：后退。②拂：拂拭，擦拭。③荆轲：相传本为齐国的后裔，原本姓庆，迁居卫国之后改姓为荆。

译文

太子丹跪立迎接，替田光引路倒退着往后走，又跪在地下替田光拂净席位。田光坐下以后，左右一个人都没有，太子丹坐在下座的席位上，毕恭毕敬地向田光请教说：『燕、秦势不两立，请先生多多考虑！』田光说：『据臣所知：骏马在强盛时一天能跑千里路，等到它衰老时连笨马都不如。太子所听到的是壮年时的田光，岂不知臣如今已经衰老无用。尽管如此，臣仍然不敢忽略国事而辜负太子的重托，臣有位名叫荆轲的好友可以用。』燕太子丹说：『那先生能不能让我跟荆轲做个朋友呢？』田光先生说：『一切遵命！』

原文

即起，趋出。太子送之至门，曰：『丹所报，先生所言者，国大事也，愿先生勿泄①也。』田光俯而笑曰：『诺。』

注释

①泄：泄露。

译文

田光说完这话就起立出去，太子丹一直送到门口时说：『我今天所报告给先生的，和先生为我所策划的，都是国家的最高机密大事，请先生千万不要泄露出去！』田光低着头笑了笑说：『一切请太子放心！』

偻[1]行见荆轲，曰：『光与子相善，燕国莫不知。今太子闻光壮盛之时，不知吾形已不逮[2]也，幸而教之曰：「燕、秦不两立，愿先生留意也。」光窃不自外，言足下于太子，愿足下过太子于宫。』荆轲曰：『谨奉教。』

注释

①偻：弯着腰。②不逮：不及。

译文

于是田光就俯身恭敬悄悄去见荆轲说：『我田光和你荆轲是好朋友，燕国没有人不知道的。现在太子只知道我壮年时的威名，却不知道我如今已经老朽无用，但是太子仍然向我请教说：「燕、秦势不两立，希望先生多多考虑！」我不把你当外人，所以我已经把你推荐给太子，希望你前往宫中拜见太子！』荆轲说：『一切遵命照办！』

原文

田光曰：『光闻长者之行，不使人疑之，今太子约光曰：「所言者，国之大事也，愿先生勿泄也。」是太子疑光也。夫为行使人疑之，非节侠士也。』欲自杀以激荆轲，曰：『愿足下急过太子，言光已死，明[1]不言也。』遂自刭而死。

注释

①明：表发明。

田光说：『据我田光所知：长者的行为不使人怀疑，现在太子曾叮嘱我：「方才所说的都是国家机密大事，请先生千万不要泄露出去！」这就证明太子怀疑我。一个人的行为叫人怀疑，决非高风亮节的侠义之士。』于是就准备自杀来激励荆轲说：『请你赶快去拜见太子，说我田光已经自杀身死，表白我绝对没有泄漏国家机密大事。』田光说完话自刎而死。

轲见太子，言田光已死，明不言也。太子再拜而跪，膝下行[1]流涕，有顷而后言曰：『丹所请田先生无言者，欲以成大事之谋，今田先生以死明不泄言，岂丹之心哉？』

注释

①膝下行：跪着走。

于是荆轲就去见太子丹，说田光已经自杀，用意是表白没有泄露国家机密大事。太子丹一听此话就跪地而拜，一边膝行一边流泪说：『我所叮嘱的是不让田先生泄露机密，以便为国家完成一件大事，如今田光先生竟以死来证明没有泄露，这怎么是出于我的本意？』

原文

荆轲坐定，太子避席顿首曰：『田先生不知丹不肖，使得至前，愿有所道，此天所以哀燕不弃其孤也。今秦有贪饕[1]之心，而欲不可足[2]也。非尽天下之地，臣海内之王者，其意不餍。今秦已虏韩王[3]，尽纳其地，又举兵南伐楚，北临赵。

注释

①贪饕：贪婪。②足：满足。③已虏韩王：公元前230年秦灭韩，俘虏了韩王。

译文

荆轲坐定以后，太子丹离开席位叩头说：『田先生不知道我无能，才介绍我拜见先生接受先生的指教，这是上天可怜燕国而不遗弃他的后人。现在秦王有虎狼之心，他的欲望永远无法满足，除非占领全天下的土地，和征服全天下的诸侯，否则是绝对不会停止侵略战争的。秦国已经俘虏韩王，而吞并了韩国全部土地；又发兵继续往南攻打楚国，往北兵临赵国。

原文

『王翦[1]将数十万之众临漳、邺[2]，而李信[3]出太原、云中。赵不能支[4]秦，必入臣。入臣，则祸至燕。燕小弱，数[5]困于兵，今计举国[6]不足以当[7]秦。诸侯服秦，莫敢合从[8]。丹之私计，愚以为诚得天下之勇士，使于秦，窥以重利，秦王贪其贽，必得所愿矣。

注释

①王翦：秦国的将军。②漳、邺：漳水、邺城。邺，位于今天山西临漳。③李信：秦国的将军。

④支：应付、对付。⑤数：指屡次。⑥举国：全国。⑦当：通『挡』，抵挡。⑧合从：即合纵。

译文

『秦将王翦率领几十万秦军列阵在漳水、邺城，而秦将李信出兵赵国的太原和云中等地。赵国一旦支持不住就会投降秦国，赵国投降秦国之后，那大祸就要降临到燕国。燕国弱小无力，以前屡次为秦兵所困，现在即使动员全国兵力，也不足以抵抗强秦，何况天下诸侯都已经屈服在秦国的兵威之下，没有一个人再敢出面组织合纵之盟。因此我私下有一个计划，我认为如果能得到天下的一位勇士，假称派他出使秦国，以重利来引诱秦王，秦王为了贪图这项重利，必然能够实现我的愿望。

原文

『诚得劫秦王，使悉①反②诸侯之侵地，若曹沫之与齐桓公，则大善矣；则不可，因而刺杀之。彼大将擅兵于外，而内有大乱，则君臣相疑③。以其间诸侯，诸侯得合从，其偿破秦必矣。此丹之上愿，而不知所以委命，唯荆卿留意焉。』

注释

①悉：全部。②反：归还。③相疑：相互猜疑。

译文

『如果能够劫持秦王，使他归还诸侯的领地，就像曹沫劫持齐桓公一样，那就更好了！假如不能这样，就当场把秦王杀死，那些大将在国外掌握兵权，如果国内大乱那么君臣就要互相猜疑，我燕国就乘机联合天下诸侯，团结一致完成合纵之盟，就必然能够实现我击败秦国的心愿。这是我最大的愿望，至于我的生死早已置之度外，一切希望贤卿多多留意！』

原文

久之，荆轲曰：『此国之大事，臣驽下[1]，恐不足任使。』太子前顿首，固请无让，然后许诺。

注释

①驽下：驽钝无能。

译文

荆轲听完这番话以后，过了很久才说：『这是国家的机密大事，臣庸碌无能，恐怕不能够负起这项重任。』燕太子丹一听这话就走向前去磕头，恳请荆轲不要推辞，这样，荆轲才算答应下来。

原文

于是尊荆轲为上卿，舍[1]上舍，太子日日造问，供太牢异物，间进车骑美女，恣荆轲所欲，以顺适其意。久之，荆卿未有行意。秦将王翦破赵，虏赵王，尽收其地，进兵北略地，至燕南界。太子丹恐惧，乃请荆卿曰：『秦兵旦暮渡易水，则虽欲长侍足下，岂可得哉？』

注释

①舍：住。

译文

于是太子丹立刻拜荆轲为上卿，住在最好的馆舍。太子丹每天都来问安，供给最好的猪牛羊肉和上等珍宝，同时也奉上很多车马和美女，满足荆轲的一切所需，目的是极力讨荆轲欢心。过了很

久荆轲还没有要出发的意思，秦将王翦已经征服赵国，俘虏赵王，占领了赵国的全部土地。接着王翦又继续进兵北侵，一直攻打到燕国的南疆。这时太子丹非常恐惧，就来请求荆轲说：『秦兵在旦夕之间就要渡过易水，虽说我很想长期侍奉贤卿，然而在目前的情况下又怎么可能呢？』

原文

荆卿曰：『微[1]太子言，臣愿得谒[2]之。今行而无信，则秦未可亲也。夫今樊将军，秦王购之金千斤，邑万家。诚能得樊将军首，与燕督亢之地图，献秦王，秦王必说[3]见臣，臣乃得有以报太子。』太子曰：『樊将军以穷困来归丹，丹不忍以己之私，而伤长者之意，愿足下更虑之。』

注释

①微：指没有。②谒：指拜谒。③说：通『悦』，喜悦，高兴。

译文

荆轲说：『即使太子不来请求，臣也要西去谒见秦王。不过现在去了却没有贵重的礼物，秦王必然不肯相信臣。不过秦王曾经悬赏一千金和万户侯，来征求樊将军的头。所以只要能得到樊将军的头，和燕国督亢的地图，明言把这两件重礼献给秦王的话，秦王一定会欣然接见臣，如此臣才能报答太子的重托。』燕太子丹说：『樊将军穷途末路才来投奔我，我绝对不忍心为了实现自己的私人计划，而做出这种不够朋友的事情，希望贤卿另想其他办法。』

原文

荆轲知太子不忍，乃遂私见樊於期[1]曰：『秦之遇将军，可谓深矣。父母宗族，皆为戮没[2]。今

闻购将军之首金千斤、邑万家，将奈何？」

注释

①樊於期：即樊将军。②没：通『殁』，杀。

译文

荆轲知道太子丹不忍心杀樊将军，于是就亲自去见樊将军说：『秦国对待将军可算积怨太深了。将军的父母宗族都被秦王杀戮。现听说秦王悬赏一千金和万户侯征求将军的头，不知将军要怎么办？』

原文

樊将军仰天太息流涕曰：『吾每念，常痛于骨髓，顾计不知所出耳。』轲曰：『今有一言，可以解燕国之患，而报将军之雠者，何如？』樊於期乃前曰：『为之奈何？』荆轲曰：『愿得将军之首以献秦，秦王必喜而善见臣，臣左手把其袖，而右手揕抗①其胸，然则将军之仇报，而燕国见陵②之耻除矣。将军岂有意乎？』

注释

①揕抗：刺进。②见陵：被欺凌。见，表被动。

译文

樊将军听完这话，仰天流泪叹息说：『每当我想到这些事，都有如万箭穿心一般地疼痛，然而却想不出好办法来解决！』荆轲说：『现在有一个好办法，既可以解除燕国的亡国之祸，又可以报将军的血海深仇，不知将军认为如何？』樊将军听完后就探着头向前问：『是什么好办法呢？』荆

轲说：『这就是想得到将军的头献给秦王，秦王一定欣然接见我，到那时我就可以左手抓住秦王的袖子，右手用剑刺进秦王的胸膛。这样一来不但报了将军的血海深仇，而且也洗雪了燕国的奇耻大辱，不知将军是否肯答应？』

原文

樊於期偏袒扼腕而进曰：『此臣日夜切齿拊心也，乃今得闻教。』遂自刎。太子闻之，驰往，伏尸而哭，极哀。既已，无可奈何，乃遂收盛樊於期之首，函[1]封之。

注释

①函：木匣子。

译文

樊将军听到这里，就挽起胳膊袖子，握住手腕走向前说：『这是我日夜咬牙切齿所希望的事，到如今才算听到阁下的明教！』樊将军说完这话就自杀身亡，太子丹知道以后，跑去伏尸痛哭，表情十分哀伤。樊将军既然已经自杀，太子丹在无可奈何的情况下，就割下他的头装在一个木匣子里封存起来。

原文

于是，太子预求天下之利匕首，得赵人徐夫人[1]之匕首，取之百金，使工以药淬之，以试人，血濡[2]缕，人无不立死者。乃为装遣荆轲。燕国有勇士秦武阳，年十二，杀人，人不敢与忤视。乃令秦武阳为副。

注释

①夫人：夫人为名字。②濡：沾染。

译文

于是太子丹再征求天下最锐利的匕首，结果征得赵人徐夫人的匕首，太子丹出价一百金把匕首买下，然后让工匠用毒药来淬染刀刃，经试验，刺人只要流出一点血，此人就当场死亡。于是太子丹为荆轲准备行装，派他出使秦国。燕国又有一名勇士名叫秦武阳，十二岁时就杀过人，人们都不敢正眼看他，因而就派他为副手。

原文

荆轲有所待，欲与俱，其人居远未来，而为留待。顷之未发，太子迟之，疑其有改悔，乃复请之曰：『日以尽矣，荆卿岂无意哉？丹请先遣秦武阳。』荆轲怒，叱太子曰：『今日往而不反者，竖子[①]也！今提一匕首入不测之强秦，仆所以留者，待吾客与俱。今太子迟之，请辞决矣！』遂发。

注释

①竖子：小孩子，带有很强的呵责的意味。

译文

可是荆轲还准备等一个人，准备跟这个人一起去，这个人住的地方太远，一直还没有来到，荆轲仍在等他。为此过了很久还未出发，太子丹急得不得了，甚至怀疑荆轲改变了主意，于是就又请求荆轲说：『日期已经到了最后关头，贤卿不愿意去，那我就先派秦武阳去吧！』荆轲听了这话很

生气，就斥责太子丹说：『假如有去而无回，那岂不是三岁小孩？如今我只凭一把匕首，深入虎穴般的秦国，我所以一直停留不走，是为了等待我的一位壮士。现在太子既然嫌太晚，那我就决定出发了！』荆轲说完这话就毫不犹豫出发了。

原文

太子及宾客知其事者，皆白衣冠以送之。至易水上，既祖[①]，取道。高渐离[②]击筑，荆轲和而歌，为变徵[③]之声，士皆垂泪涕泣。又前而为歌曰：『风萧萧兮易水寒，壮士一去兮不复还！』复为慷慨羽声[④]，士皆瞋目，发尽上指冠。于是荆轲遂就车而去，终已不顾。

注释

①祖：祭拜路神。②高渐离：燕国人，荆轲的好友。③变徵：变了调的徵音，调比较悲凉。徵，古代乐音的一种。④羽声：宫、商、角、徵、羽为古代最基本的五种乐音。

译文

太子丹、宾客和知道这件事的人，都穿着白色的丧服为荆轲送行，他们一齐来到易水河边，祭拜路神之后荆轲踏上征途。当时由高渐离击筑，由荆轲高歌一曲，声音是悲壮的变徵之声，在场的人听了都泪流满面，最后荆轲又向前唱道：『凄凉的风把易水吹得很冷，壮士这一去就不再回来啦！』接着荆轲又唱出慷慨激昂的羽声悲歌，在场送行的人都听得很激动，大家瞪着双眼，怒发冲冠，于是荆轲乃上车而去，连头都没再回过一次。

原文

既至秦，持千金之资币物，厚遗秦王宠臣中庶子蒙嘉。嘉为先言于秦王曰：『燕王诚振畏慕大王之威，不敢兴兵以拒大王，愿举国为内臣，比诸侯之列[①]，给贡职如郡县，而得奉守先王之宗庙。恐惧不敢自陈，谨斩樊於期头，及献燕之督亢之地图，函封，燕王拜送于庭，使使以闻大王。唯大王命之。』

注释

①比诸侯之列：像其他诸侯一样。比，像。

译文

荆轲到了秦都咸阳以后，首先用价值千金的重礼贿赂秦王宠臣中庶子蒙嘉，蒙嘉替荆轲向秦王政说：『燕王实在太畏惧大王的威严，因此不敢起兵反抗大王，情愿率领全民臣事大王，和其他诸侯一样编成秦国的郡县，每年按时来秦国进贡，以便奉祀秦国先王的宗庙。但是燕王由于恐惧过度，而不敢亲自来陈情，才特别砍下樊於期的头，并且献燕国督亢地图，这两种献礼都封在木匣子之中，由燕王亲手在朝廷交给使者，然后才派使者来晋见献给大王，如今正等待大王的命令随时献上。』

原文

秦王闻之，大喜。乃朝服，设九宾，见燕使者咸阳宫。荆轲奉樊於期头函，而秦武阳奉地图匣，以次进至陛下[①]。秦武阳色变振恐，群臣怪之，荆轲顾笑武阳，前为谢曰：『北蛮夷之鄙人，未尝见天子，故振慑，愿大王少假借[②]之，使毕[③]使于前。』秦王谓轲曰：『起，取武阳所持图。』

注释

①陛下：宫殿的台阶之下。②假借：宽恕，原谅。③毕：完成。

译文

秦王政听了十分高兴，就立刻穿上朝服，特设九宾之礼，在咸阳宫接见燕使。荆轲捧着装有樊於期头的木匣，而秦武阳捧着装有督亢地图的木匣，由荆轲领先按次序走向宫殿的台阶。不料这时秦武阳由于恐惧而神情紧张，群臣看了都觉得很奇怪，荆轲赶紧回头对秦武阳笑了笑，再继续向前为秦武阳辩解说：『他是北方的野蛮粗人，没见过天子宫殿的雄伟场面，所以神情显得紧张恐惧，恳请大王能够多多谅解他这一点，以便让他在大王面前完成使命！』秦王政对荆轲说：『你起来把秦武阳所拿的地图给寡人！』

轲既取图奉之，发图，图穷而匕首见。因左手把秦王之袖，而右持匕首揕抗之。未至身，秦王惊，自引而起，绝袖。拔剑，剑长，掺其室①。时怨急，剑坚，故不可立拔。荆轲逐秦王，秦王还柱而走。群臣惊愕，卒②起不意，尽失其度。而秦法，群臣侍殿上者，不得持尺兵。诸郎中③执兵，皆陈殿下，非有诏不得上。

①室：指剑鞘。②卒：通『猝』，仓猝。③郎中：护卫。

译文

于是荆轲就拿过地图献给秦王政，荆轲捧着地图打开来看，图看完就露出匕首。这时他就左手拉着秦王政的衣袖，右手抓紧匕首猛刺秦王，可惜没有刺中秦王的身体。秦王大惊失色，自己拉开衣袖跳起来，由于用力过猛而把袖子拉断。秦王赶紧拔剑，可是剑太长拔不出来，只握着剑鞘干着急。秦王既害怕又紧张，而剑鞘又很紧，不能立刻拔出。荆轲追杀秦王，秦王绕着柱子跑。群臣都已经吓呆了，因为事情发生在出人意料的仓促之间，致使大家束手无策。再加上按照秦国法律，群臣侍立殿上的，不得佩带任何兵器，而负责守卫的郎中，又都站立在宫殿的台阶下，除非有秦王的亲口诏令，绝对不能携带武器上殿。

原文

方急时，不及召下兵，以故荆轲逐秦王，而卒惶急无以击轲，而乃以手共搏之。是时，侍医夏无且[①]，以其所奉药囊提[②]轲。秦王之方还柱走，卒惶急不知所为，左右乃曰：『王负剑！王负剑！』遂拔以击荆轲，断其左股[③]。荆轲废，乃引其匕首，提秦王，不中，中柱。

注释

①夏无且：人名，秦国御医。②提：投掷。③左股：左边的大腿。

译文

那时情况十分紧急，秦王也来不及召殿下的士兵救驾，因此才使得荆轲尽情追杀秦王。而秦王在万分惶恐的情况下，也找不到适当的武器反击荆轲，不得已竟徒手和荆轲搏斗。幸亏这时御医夏无且，用

他所拿的药囊投击荆轲，可是秦王还是绕着柱子跑，仓皇失措不知如何是好，这时左右侍臣才高喊：『大王把剑背过去！大王把剑背过去！』如此秦王政才算拔出了佩剑，用剑来反击荆轲，首先一剑砍断了荆轲的左腿。荆轲负伤后倒地，但是仍用匕首投刺秦王，可惜没有刺中，只是刺在柱子上。

原文

秦王复击轲，被[1]八创。轲自知事不就，倚柱而笑，箕踞以骂曰：『事所以不成者，乃欲以生劫之，必得约契以报太子也。』左右既[2]前斩荆轲，秦王目眩良久。而论功赏群臣及当坐者，各有差。而赐夏无且黄金二百镒，曰：『无且爱我，乃以药囊提轲也。』

注释

①被：遭受。②既：已经。

译文

秦王再用剑砍荆轲，荆轲受了八处伤。荆轲自知事情已经失败，就把身子靠在柱子上大笑起来，然后盘着腿高声骂道：『事情之所以没有成功，是因为我想要生擒你，劫持你归还所有燕国的侵地，借以报答燕太子丹！』这时左右侍臣才跑上前来杀死荆轲，秦王政吓得头昏眼花很久说不出话。最后对群臣论功行赏，对应该加以处罚的也各有差别，赏赐夏无且黄金二百镒，并且夸奖说：『夏无且由衷爱戴寡人，因为他用药囊打荆轲。』

于是，秦大怒燕，益发兵诣赵，诏王翦军以伐燕。十月而拔燕蓟城。燕王喜、太子丹等，皆率其

精兵东保于辽东。秦将李信追击燕王，王急，用代王嘉[①]计，杀太子丹，欲献之秦。秦复进兵攻之。五岁而卒灭燕国，而虏燕王喜。秦兼天下。

注释

①代王嘉：即赵公子嘉，赵灭亡后逃往代，自立为王。

译文

这时秦王政更加仇恨燕国，立刻发大兵开到赵国，下令王翦率军攻打燕国。同年十月攻陷燕蓟城。燕王喜和太子丹等文武朝臣，都率领精兵逃到东边退守辽东。秦将李信率军追击燕王，燕王喜在兵败情急之下就采纳代王嘉的计策，杀死太子丹准备献给秦王，可是秦兵还是继续攻打燕国。五年之后终于灭亡燕国，燕王喜被秦兵俘虏，秦国终于统一了天下。

原文

其后荆轲客高渐离以击筑见秦皇帝，而以筑击秦皇帝，为燕报仇，不中而死[①]。

注释

①死：被处死。

译文

在这之后荆轲的朋友高渐离，借演奏筑的机会晋见秦始皇，于是就乘机用筑攻击始皇，目的是想为燕国报仇，可惜没有打中却被秦始皇杀死。

公输般为楚设机

公输般①为楚设机②，将以攻宋。墨子③闻之，百舍④重茧⑤，往见公输般，谓之曰：『吾自宋闻子。吾欲藉⑥子杀人。』公输般曰：『吾义固不杀人。』墨子曰：『闻公为云梯，将以攻宋。宋何罪之有？义不杀王而攻国，是不杀少而杀众。敢问攻宋何义也？』公输般服焉，请见之王。

注释

①公输般：即鲁班。②机：战争用具。③墨子：名翟，墨家的创始人，主张『兼爱』、『非攻』。④舍：一舍相当于今天的一百里。⑤重茧：厚厚的茧子。⑥藉：通『借』。

译文

公输般为楚国制造兵器，准备用来攻打宋国。墨子知道这件事以后，就徒步以日行百里的速度而来，以致把脚都磨出层层老茧。墨子见到公输般说：『我在宋国就听见了阁下的大名，因此我想用阁下的力量来杀人！』公输般说：『我的意思并不是要杀人。』墨子说：『听说你正在造云梯，预备攻打宋国，请问宋国有什么罪呢？你的意思既然不杀人，但是却又要攻打宋国，这等于是不杀少数人，而决心要杀多数人，请问你攻打宋国是什么意思？』公输般被墨子说服，于是就陪着墨子进见楚王。

原文

墨子见楚王曰：『今有人于此，舍其文轩[①]，邻有弊舆[②]而欲窃之；舍其锦绣，邻有短褐而欲窃之；舍其粱肉，邻有糟糠而欲窃之。此为何若人也？』王曰：『必为有窃疾矣。』

注释

①文轩：画着彩纹的车。②弊舆：破旧的车。

译文

墨子对楚惠王说：『现在这里有一个人，不要自己画有彩纹的车子，邻居有一辆破车，他反而想去偷窃；不要自己刺有锦绣的衣服，邻居有一件粗布短袄，他反而想去偷窃；不要自己的米和肉，邻居有些糟糠，他反而想去偷窃；请问这是什么样的人？』楚惠王说：『必然是有偷窃病的人。』

原文

墨子曰：『荆之地方[①]五千里，宋方五百里，此犹文轩之与弊舆也。荆有云梦，犀兕麋鹿盈[②]之，江、汉鱼鳖鼋鼍[③]为天下饶，宋所谓无雉兔鲋鱼者也，此犹粱肉之与糟糠也。荆有长松、文梓、楩、楠、豫樟，宋无长木，此犹锦绣之与短褐也。恶以王吏之攻宋，为与此同类也。』王曰：『善哉！请无攻宋。』

注释

①方：方圆。②盈：充盈。③鼋、鼍：珍稀的水生动物。

译文

墨子说：『楚国的地方五千里，而宋国只有五百里，这就如同彩车和破车相比一般。楚国的云

梦充满了犀牛、野牛、麋鹿，而长江、汉水所出产的鱼、鳖、鼋、鼍更是天下最多的，反之宋国是一个连野鸡、兔子和鲫鱼都没有的贫瘠地方，两国相比就好像米肉和糟糠一般。楚国有长松、文梓、楩、楠、豫樟等各种树，而宋国连一棵比较好的大树都没有，两国相比恰好像锦绣和粗布短袄一般。不知大王所派出攻打宋国的人，是否就跟臣所说的这个有偷窃之癖的人相似？』楚惠王说：『阁下的话很合乎情理，寡人就打算不攻打宋国了。』

宋与楚为兄弟

宋与楚为兄弟。齐攻宋，楚王[①]言救宋。宋因卖楚重以求讲于齐，齐不听。苏秦为宋谓齐相曰：『不如与之，以明宋之卖[②]楚重于齐也。楚怒，必绝于宋而事齐，齐、楚合，则攻宋易矣。』

注释

①楚王：指楚顷襄王。②卖：卖弄。

宋和楚结为兄弟之国。齐国攻打宋国，楚王声称要援救宋国。宋国借机卖弄楚国的威势来和齐国讲和，齐国不答应。苏秦对齐国的相国说：『不如答应和宋国讲和，借此彰显宋国卖弄楚国威势的事情。楚国一定会发怒，断绝和宋国关系而亲近齐国，齐、楚关系好了，那么攻打宋国就容易了。』

宋康王之时

原文

宋康王之时，有雀生䲹[①]于城之陬，使史占之，曰：『小而生巨，必霸天下。』康王大喜。于是灭滕伐薛，取淮北之地，乃愈自信，欲霸之亟[②]成，故射天笞地，斩社稷而焚灭之，曰：『威服天下鬼神。』骂国老谏者，为无颜之冠[③]，以示勇。剖伛之背，锲朝涉之胫，而国人大骇。齐闻而伐之，民散，城不守。王乃逃倪侯[④]之馆，遂得而死。见祥而不为，祥反为祸。

注释

①䲹：一种凶猛的禽鸟。②亟：迅速。③无颜之冠：没有盖住额头的帽子。④倪侯：宋国的臣子。

译文

宋康王在位的时候，有只小麻雀在城墙角落孵出了个大鸟。宋康王让太史占卜看看究竟，太史占后说：『小鸟生出了大鸟，这预示着大王要称霸天下了。』康王听后大喜过望，于是派兵消灭了滕国、进军薛，并且派出军队占领了淮北的土地。经过了这些胜利，康王变得更加自信，恨不得自己独霸天下的愿望马上就实现，于是射天神鞭笞地神，砸掉祭奠土地谷神的牌位把它们烧毁，还对外宣称：『我的神威就连天地的鬼神也要慑服。』康王斥骂国家里敢于直言纳谏的大臣，戴着没有边沿的帽子表现自己英勇无畏。他还劈开驼背之人的后背，斩断清晨趟过河水之人的小腿，导致百姓惊慌恐惧，国内大乱。齐王知道后派出大军讨伐宋康王，百姓四处逃跑没有人守卫城池。宋康王也不得不逃跑到倪侯的宅邸，最终被抓住处以死刑。这正是见到好的预示却不做善事，吉祥最终也会变成灾难。

卫使客事魏

原文

卫使客事魏，三年不得见。卫客患之，乃见梧下先生[1]，许之以百金。梧下先生曰：『诺。』乃见魏王曰：『臣闻秦出兵，未知其所之。秦、魏交而不修之日久矣。愿王博事秦，无有佗计。』魏王曰：『诺。』

注释

①先生：古时对道德高尚者的尊称。

译文

卫国派遣一名客卿去朝见魏王，可是过了三年还没有被召见。这个客卿非常着急，就去拜会梧下先生，许诺如果成功就酬谢一百金。梧下先生说：『可以』。梧下先生就去拜见魏王，对他说：『我听说秦国将要出兵了，不知道他们想要去攻打哪里。秦国魏国已经很久没有外事往来了，希望大王能够用心和秦国交往，不要多想其他。』魏王说：『好。』

原文

客趋出，至郎门而反曰：『臣恐王事秦之晚。』王曰：『何也？』先生曰：『夫人于事己者过急，于事人者过缓。今王缓于事己者，安能急于事人。』『奚以知之？』卫客曰：『事王三年不得见，臣以是[1]知王缓也。』魏趋见卫客。

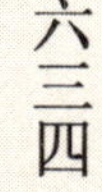

注释

①以是：因为这个。

译文

梧下先生急匆匆走了出去，可没有走多远，刚到郎门就又转身回来了，对魏王说：『我担心大王您对亲近秦国这件事会很不放在心上啊！』魏王说：『为什么这么说呢？』梧下先生说：『通常人们对于服侍自己的人比较热情，自己去服侍别人往往比较消极。如今大王对服侍自己的人都那么不热情，又怎么能够积极主动的亲近别人呢？』魏王问道：『你凭什么这么说呢？』梧下先生说：『卫国那个客卿说他已经来朝见大王三年了，还没有被召见，所以我知道了大王不是很积极。』魏王马上召见了卫国的客卿。

卫嗣君病

原文

卫嗣君病。富术①谓殷顺且②曰：『子听吾言也以说君，勿益损也，君必善子。人生之所行，与死之心异。始君之所行于世者，食高丽也；所用者，绁错、挐薄③也。群臣尽以为君轻国而好高丽，必无与君言国事者。子谓君：「君之所行天下者甚谬。绁错主断于国，而挐薄辅之，自今以往者，公孙氏必不血食矣。」』君曰：『善。』与之相印，曰：『我死，子制之。』嗣君死，殷顺且以君令相公期④。绁错、挐薄之族皆逐也。

注释

①富术：卫国的臣子。②殷顺且：卫国的臣子。③绁错、挐薄：卫嗣君的宠臣。④公期：卫嗣君的儿子公子期。

译文

卫嗣君大病，富术对殷顺且说：『你按照我说的话去说服大王，不要增添删减我的话，大王一定会重用你。一个人一生，活着享受人生的时候与即将死去的心情是完全不同的。大王以前的行为，骄奢淫逸纵情声色，他所信任的都是绁错、挐薄这样的人。大臣们都认为君王贪恋美色和物质享受，不把国事放在心上，他们一定不会去和君王谈论国家大事。你就对大王说：您以前纵横天下的所作为实在是大错特错啊。绁错这个人独揽大权独断专行，挐薄和他狼狈为奸，您去世以后，将没有人能继承您的大业了。』卫嗣君说：『你说的对』，把相印给了殷顺且，对他说：『我死了以后，你就执掌朝政吧。』卫嗣君死后，殷顺且按照君王的命令出任相国，辅佐公期管理朝政。绁错、挐薄等一帮人全部被免去了职位。

卫嗣君时胥靡逃之魏

原文

卫嗣君时，胥靡逃之魏，卫赎之百金，不与。乃请以左氏[2]。群臣谏曰：『以百金之地赎一胥靡，无乃不可乎？』君曰：『治无小，乱无大。教化喻于民，三百之城[3]足以为治；民无廉耻，虽有十左氏，将何以用之？』

①胥靡：人名，卫国的一个罪人。②左氏：地名，卫国的城邑。③三百之城：拥有三百户人家的城邑。

译文

卫嗣君在位时，有个犯人胥靡逃到了魏国，卫国以百镒黄金为代价想要赎回，魏王不同意，竟然要卫国用一个城池左氏去换。大臣们对卫嗣君说：『用百镒黄金和一座城池去换一个犯人，这么做值得么？』卫嗣君答道：『一个国家是安定团结还是混乱无序，跟国家大小无关。只要将教化深入民心，三百户人家的城邑就足以治理得很好；而如果百姓不知廉耻，即使有十个左氏那么大的疆土，又能有什么用处呢？』

卫人迎新妇

原文

卫人迎新妇，妇上车，问：『骖马①，谁马也？』御曰：『借之。』新妇谓仆曰：『拊骖，无笞服②。』

①骖马：两边的马。②服：中间的马。

译文

卫国有人迎娶新媳妇，新娘子上了车就问道：『两边拉套的马是谁家的？』赶车的人说：『借

来的。」新娘子对赶车的人说：「要爱护这两边拉套的马，也不要鞭打中间驾辕的马。」

原文

车至门，扶，教送母：「灭灶，将失火。」入室见臼，曰：「徙之牖[1]下，妨往来者。」主人笑之。此三言者，皆要言也，然而不免为笑者，蚤[2]晚之时失也。

注释

①牖：窗户。②蚤：通「早」。

译文

车子到了夫家的门口，新娘子被扶下车，就告诉伴娘说：「快去灭掉灶膛里的火，要防止失火呀！」当她走进屋里，看见一只石臼，就说：「把它搬到窗下去，摆在这妨碍人来回走路。」夫家的人听了，都禁不住笑她。这三句话本来都是要紧的话，然而却不免被人笑话，是因为这些话说的不是时候。

卷三十三　中山策

犀首立五王

原文

犀首①立五王②，而中山后持。齐谓赵、魏曰：『寡人羞与中山并为王，愿与大国伐之，以废其王。』中山闻之，大恐。召张登③而告之曰：『寡人且王，齐谓赵、魏曰，羞与寡人并为王，而欲伐寡人。恐亡其国，不在索王。非子莫能吾救。』登对曰：『君为臣多车重币，臣请见田婴④。』中山之君遣之齐。见婴子曰：『臣闻君欲废中山之王，将与赵、魏伐之，过矣。以中山之小，而三国伐之，中山虽益废王，犹且听也。且中山恐，必为赵、魏废其王而务附焉。是君为赵、魏驱羊⑤也，非齐之利也。岂若中山废其王而事齐哉？』田婴曰：『奈何？』张登曰：『今君召中山，与之遇而许之王，中山必喜而绝赵、魏。赵、魏怒而攻中山，中山急而为君难其王，则中山必恐，为君废王事齐。彼患亡其国，是君废其王而立其国，贤⑥于为赵、魏驱羊也。』田婴曰：『诺。』

注释

①犀首：公孙衍。②指立齐、赵、魏、燕、中山五国为王。③张登：中山国大臣。④田婴：齐国相国。⑤驱羊：指白白出力而无所得。⑥贤：好过。

译文

公孙衍拥立齐、赵、魏、燕、中山五国国君称王，中山国是最后一个被拥立的。齐王对赵国和魏国两国说：『我认为和中山一起称王是一件很丢人的事情，想要和你们两个大国一起去攻打它，

废除它的王号。』中山国君听说了这件事，感到很害怕，把张登叫来告诉他说：『我将要称王，齐王对赵、魏两国说和我一起称王是一件很丢人的事，要联合两国来攻打我中山。我担心的国家因此灭亡，至于能不能称王倒不是那么重要。除了您恐怕没有人能救我了。』张登回答说：『您为我多准备些车马钱物，我去拜见齐国相国田婴。』中山国君于是派他到齐国去。

张登到了齐国，见到田婴说：『我听说您想要废去中山国的王号，即将与赵、魏两国联合起来攻打中山，这样做不好啊！像中山这样的小国，遇到三个大国的攻打，即使是比废除王号更严重的事，它也会唯命是听的。而且现在中山感到很害怕，必定会听从赵、魏的命令废除王号并且依附它们。这样，您就是白白为赵、魏两国出了力，而齐国根本没有得到什么好处。这怎么比得上让中山废除王号而依附齐国呢？』田婴说：『依您看该怎么办？』张登说：『您现在联系中山，答应和它结盟并认可它称王。中山一定感到很高兴而不会去找赵、魏两国寻求妥协。赵、魏两国肯定会因此发怒去攻打中山，中山感到危急，知道各国不愿与它一起称王，中山感到害怕，必定会为您废除王号而依附齐国。中山担心的是怕国家因此而灭亡，现在您虽然废除了它的王号却有了保全它国家的恩惠，总好过白白为赵、魏两国出力。』田婴回答说：『好，我听您的。』

原文

张丑[1]曰：『不可。臣闻之，「同欲者相憎，同忧者相亲。」今五国相与王也，负海[2]不与焉。此是欲皆在为王，而忧在负海。今召中山，与之遇而许之王，是夺五国而益负海也。致中山而塞四国，四国寒心；必先与之王而故亲之，是君临中山而失四国也。且张登之为人也，善以微计荐中山之君久矣，

难信以为利。』

田婴不听。果召中山君而许之王。张登因谓赵、魏曰：『齐欲伐河东③。何以知之？齐羞与中山之为王甚矣，今召中山，与之遇而许之王，是欲用其兵也。岂若令大国先与之王，以止其遇哉？』赵、魏许诺，果与中山王而亲之。中山果绝齐而从赵、魏。

注释

①张丑：齐国大臣。②负海：指齐国。③河东：地名，属赵、魏两国。

译文

张丑知道此事后对田婴说：『不能听张登的。我听说：「追求同一样事物的人相互憎恨，担心同一件事情的人相互关心。」现在五国各自称王，只有齐国没有参与。这样各国所追求的都是称王，（所以他们会相互顾忌；）而所担心的都是齐国，（所以有可能把矛头共同指向齐国。）现在您联系中山，和它结盟并认可它称王号，就是剥夺了四国的利益而使齐国受惠。得到中山而隔断了四国的联系，四国会感到寒心；同意中山称王并故意亲近它，是得到了中山却失去了四国。而且张登这个人，总是为中山国君出谋划策已经很长时间了。不可以相信能从他那里得到什么好处。』

田婴没听张丑的建议。真约见了中山国君，答应让他称王号。张登趁机对赵、魏两国说：『齐国想攻占河东之地。从哪里可以知道呢？齐国以同中山一起称王为耻，现在却主动联络中山，和它结盟，并认可它称王，是想借用中山国的兵力。还不如您两个大国认可中山称王，以此来阻止他们两国联合。』赵、魏两国点头答应，果让中山称王并亲近中山。中山国也和齐国断绝关系而倒向赵、魏这一方。

中山与燕赵为王

原文

中山与燕、赵为王，齐闭关不通中山之使，其言曰：『我万乘之国也，中山千乘之国也，何侔[1]名于我？』欲割平邑以赂燕、赵，出兵以攻中山。

注释

①侔：相等，相当。

译文

中山和燕赵两国的君主互相称王，齐国封锁了中山通往燕赵的关卡，不让中山的使者通过，并且扬言说：『我们齐国是拥有万辆战车的大国，而中山只不过是拥有千辆战车的小国，中山凭什么和我们齐国并驾齐驱呢？』齐国想要用平邑贿赂燕赵两国，让两国出兵攻打中山。

原文

蓝诸君[1]患之。张登[2]谓蓝诸君曰：『公何患于齐？』蓝诸君曰：『齐强，万乘之国，耻与中山侔名，不惮割地以赂燕、赵，出兵以攻中山。燕、赵好位而贪地，吾恐其不吾据也。大者危国，次者废王，奈何吾弗患也？』张登曰：『请令燕、赵固辅中山而成其王，事遂定。公欲之乎？』蓝诸君曰：『此所欲也。』曰：『请以公为齐王，而登试说公；可，乃行之。』蓝诸君曰：『愿闻其说。』

注释

①蓝诸君：中山国的相国。②张登：中山国的臣子。

译文

中山相国蓝诸君非常担心。张登对蓝诸君说：『您为什么要害怕齐国呢？』蓝诸君说：『齐国是拥有万辆战车的强盛大国，他们把和中山名位，相同看做是耻辱。这次不惜割让土地贿赂燕赵两国，希望两国出兵攻打赵国。燕赵两国的君主喜好名位，贪婪土地，我担心他们不会站在我们这一边。严重的话会危害到我们国家的安全，即便没那么严重也会废止我们的王号，您说我怎么能不担心呢？』张登说：『我希望出使燕赵两国，使他们两国坚定地站在中山一边，帮助中山君称王，这事一定能成。这是您的心意么？』蓝诸君说：『这正是我的心意啊。』张登说：『那么就请您假扮作齐王，我先试着说服您，如果能把您说动，就按照计划行事。』蓝诸君说：『我愿意听听你的说辞。』

登曰：『王之所以不惮割地以赂燕、赵，出兵以攻中山者，其实欲废中山之王也。王曰：「然。」然则王之为费且危。夫割地以赂燕、赵，是强敌也；出兵以攻中山，首难也。王行二者，所求中山未必得。王如用臣之道，地不亏①而兵不用，中山可废也。王必曰：「子之道奈何？」』

注释

①亏：亏损，损失。

张登说：『大王您之所以不吝啬以割地为代价来贿赂收买燕赵两国，让他们出兵去攻打中山，其目的就是想废掉中山国君主的王号吧？齐王会说：「对啊」。但是大王这么做不但代价昂贵还会有

战争的危险。您割地贿赂收买燕赵两国，是增加了您敌人的实力；派兵攻打中山国，就会背负挑起战争的罪名。大王用这两招，想废止中山王号的目的不一定能达到。大王如果肯用我的计策，既不用割地给燕赵，也不会派出军队，就会让中山君废除王号。齐王一定会问：「那么你到底有什么计策呢？」』

蓝诸君曰：『然则子之道奈何？』张登曰：『王发重使，使告中山君曰：「寡人所以闭关不通使者，为中山之独与燕、赵为王，而寡人不与闻焉，是以隘之。王苟①举趾以见寡人，请亦佐君。」中山恐燕、赵之不己据也，今齐之辞云「即佐王」，中山必遁燕、赵与王相见。燕、赵闻之，怒绝之，王亦绝之，是中山孤，孤何得无废。以此说齐王，齐王听乎？』

注释

①苟：倘若。

译文

蓝诸君说：『那么你到底有什么计策呢？』张登说：『大王可以派出重要的使者，让他告诉中山君说：「本王之所以封锁关卡不让中山的使者通过，是因为中山只是单独和燕赵两国互相称王，而没有让本王知道，所以我才这么做。如果中山君肯屈尊来见我，我一定会帮助中山的。」中山君担心燕赵两国不站在自己一边，现如今齐王说出了「从现在起帮助中山君」这样的话，中山君一定会躲开燕王赵王和大王您相见。这事让燕赵两国知道以后，一定会勃然大怒从而和中山断绝关系。大王您也和中山君断交，这样就会使中山陷入孤立无援的境地，到了这步田地，中山怎么可能不废除王号呢？用这样的话去说服齐王，他怎么可能不听从呢？』

原文

蓝诸君曰：『是则必听矣，此所以废之，何在其所存之矣。』张登曰：『此王所以存者也。齐以是辞来，因言告燕、赵而无往，以积厚于燕、赵。燕、赵必曰：「齐之欲割平邑以赂我者，非欲废中山之王也，徒欲以离我于中山而己亲之也。」虽[1]百平邑，燕、赵必不受也。』蓝诸君曰：『善。』

注释

①虽：即使。

译文

蓝诸君说：『照这么说，齐王一定会听从的。但这样一来正好废除了中山君的王号，怎么说是用来保存王号的办法呢？』张登答道：『这正是保存王号的办法。齐王已经说出了即刻帮助中山君的话，我们可以把这样的话告诉燕王赵王，让他们不要对中山出兵，这对他们两国也是大有好处的。燕王赵王一定会说，「齐王想用割地平邑来贿赂我们，原来并不是想要废掉中山君的王号，而是借此挑拨离间我和中山君的关系，反而自己和中山君拉近关系啊！」这样就是齐王给燕王赵王割上百个平邑让他们攻打中山，他们也一定不会接受的。』蓝诸君说：『好办法！』

原文

遣张登往，果以是辞来。中山因告燕、赵而不往，燕、赵果俱[1]辅中山而使其王，事遂定。

注释

①俱：都。

译文

于是就把张登派遣到齐国，齐王果然就说出了即刻帮助中山君的话。中山君就把齐王的话告诉燕王赵王，让他们不要出兵；燕王赵王果然都站在了中山君的一边，帮助他称王，这件事终于以成功告终。

司马憙三相中山

原文

司马憙三相①中山，阴简②难③之。田简④谓司马憙曰：『赵使者来属耳⑤，独不可语阴简之美乎？赵必请之，君与之，即公无内难矣。君弗与赵，公因⑥劝君立之以为正妻。阴简之德公，无所穷矣。』

注释

①三相：三次出任相国。②阴简：中山君的爱妃。③难：嫉恨。④田简：中山国的臣子。⑤属耳：打听，探听。⑥因：趁机。

译文

司马憙三次出任中山宰相，中山君的宠妃阴姬很讨厌他，这时田简对他说：『赵国使者来探听中山的情况，为什么不把阴姬的美貌告诉赵使呢？赵王知道以后，必然来要她。假如君王把她送给赵王，那么阁下在朝中就没有人捣乱了；假如君王不肯把她送给赵王，那阁下就可趁势劝中山君立她为后，从此她就会对阁下感恩不尽。』

原文

果令赵请，君弗①与。司马憙曰：『君弗与赵，赵王必大怒；大怒则君必危矣。然则立以为妻，固无请人之妻不得而怨人者也。』

注释

①弗：不，表示否定。

译文

于是司马憙果然设法让赵国来要阴姬，中山王当然不给，于是司马憙就乘机说：『君王假如不把阴姬送给赵王，那赵王必然大怒，赵王大怒那君王就危险了。不过君王可以立阴姬为正后，因为世间还没有要人正妻不成而怨恨的人。』

原文

田简自谓取使，可以为司马憙，可以为阴简，可以令赵勿请也。

译文

田简自称这样做可以说服赵使，也可以帮助司马憙，更可以帮助阴姬，尤其可以不让赵国要去阴姬。

图书在版编目(CIP)数据

战国策/刘向编选.—沈阳：万卷出版公司，2009.8
（国学丛书集成）
ISBN 978－7－5470－0088－5

Ⅰ.战… Ⅱ.刘… Ⅲ.①中国－古代史－战国时代－史籍②战国策－注释③战国策－译文 Ⅳ.K231.04

中国版本图书馆CIP数据核字（2009）第127140号

战国策

责任编辑／邢和明
出版发行／万卷出版公司
项目策划／智品书业
经　　销／各地新华书店发行
网　　址／www.zhipinbook.com
印　　刷／三河市国英印务有限公司
开　　本／二一〇×二八五毫米　十六开
印　　张／四十二　印数／五〇〇〇
字　　数／三百五十千字
印　　次／二〇一〇年六月第一版第三次印刷
书　　号／ISBN 978－7－5470－0088－5
定　　价／二百一十八圆（全四册）